大成拳入门与实战

李照山　孙志勇　编著

北京体育大学出版社

策划编辑：秦德斌
责任编辑：秦德斌
责任校对：吴海燕
版式设计：华泰联合

图书在版编目 (CIP) 数据

大成拳入门与实战 / 李照山等编著 . -- 北京 : 北京体育大学出版社 , 2015.12（2020.5 重印）
ISBN 978-7-5644-2182-3

Ⅰ . ①大… Ⅱ . ①李… Ⅲ . ①大成拳—基本知识 Ⅳ . ① G852.19

中国版本图书馆 CIP 数据核字 (2016) 第 009797 号

大成拳入门与实战 李照山 孙志勇 编著

出版发行：北京体育大学出版社
地　　址：北京市海淀区农大南路1号院硅谷亮城2B-421
邮　　编：100084
发 行 部：010-62989320
邮 购 部：北京体育大学出版社读者服务部　010-62989432

印　　刷：北京昌联印刷有限公司
开　　本：710 mm × 1000 mm　1/16
成品尺寸：170 mm × 240 mm
印　　张：13
字　　数：228千字
印　　数：2000册
版　　次：2016年 4 月第 1 版
印　　次：2020年 5 月第 3 次印刷
定　　价：35.00 元

前　言

大成拳又称意拳，是一代宗师王芗斋先生在形意拳基础上吸取众家之长创立的。无固定招法和拳套，强调以意念引导动作，故名大成拳。王芗斋先生曾著述《大成拳论》，从理论和功法上确立了大成拳的拳学理论基础，《大成拳论》是大成拳正式诞生的标志。

在大成拳诞生前后，国内武术家和国外技击高手多次与大成拳比武，而王芗斋先生来者不拒，其本人和姚宗勋、赵道新、张恩桐、李永宗、王选杰等师徒，击败了所有挑战者，为大成拳在中国武林争得了一席之地。大成拳之所以具有如此高超的威力，是因为它具有完整的科学拳理和严密的训练方法，其特点是以养代练，以练代用，养、练、用三者合一，强调神、形、意、气、力、声六法归一。王芗斋先生认为，一法不立，无法不容，拳本无法，有法也空，因此他坚决废除招法、套路的训练方法，而主张习拳首要是求健康、理趣，其次是求技击自卫，坚决反对一切戕生之类的习拳方法。

从初创的20世纪40年代至今，大成拳对于增强人民的健康水平做出了卓有成效的贡献，更重要的是它保留并发展了我国传统拳学的技击效用，并已形成了一套完整的体系。大成拳虽无固定套路，但有着完整的功法体系，以及科学的训练方法与步骤，即：站桩、试力、步法、发力、试声、推手和实作，即“大成拳七妙法门”。

大成拳的练习步骤，具有很强的系统性。如果单纯从力的角度来讲，力由站桩而得，由试力而知，由发力而用，由推手而懂，由实作而知变化，由试声而固元气。总之，只有通过对“七妙法门”系统习练，力量才能笃实。

习练大成拳必须由站桩功练起，大成拳的桩功可分为技击桩和养生桩。养生桩强调精神训练、意念诱导和统帅肢体同时进行，要求在精神集中、周身放松和呼吸自然的原则下进行休息式的锻炼，这种锻炼符合人体生理机制和所应达到的功能状态，同时使中枢神经系统机能得到改善，从而增强身体素质。技击桩是掌握实战技击的基础，是求得浑元力的最好方法。因此，欲求断手实作的技击效用，须在养生桩的基础上，通过技击桩的锻炼，运用意念活动使全身与外界建立争力，以求得实作所需要的浑元力。关于站桩的重要性，笔者在书中多次重点论述，希望广大读者和习练者要认真体会，不但知其然，还要知其所以然，踏踏实实练好基本功，这是快速步入大成拳殿堂的成功捷径。

本书介绍的“大成拳三阶段训练法”，是笔者在多年教学和训练的基础上，探索出的一套行之有效的教学训练方法，尤其适用于工作繁忙没有固定时间练习的初学者。有了科学与正确的方法，达高深功夫仍靠自己勤加练习。俗话说：“功到自然成。”没有冬练三九、夏练三伏的执着与苦练，是不可能练就大成拳的上乘功夫的。所以，广大读者和习练者一定要坚持不懈、勤练不辍、循序渐进、步步深入，如此才能在科学的训练方法指导下，全面、系统地掌握大成拳的功法体系、拳学理论。

本书的插图照片由陈惠民先生提供照相器材，高级摄影师张一帆先生拍摄，张俊平、李照林、周坦胜、杜大雷等演示动作，纪建彬、张毅弦参与了大量的誊写工作。书稿完成后由李永星、张莉莉录入，在此对所有为本丛书作出贡献的人士表示衷心的感谢。由于撰稿时间仓促，书中错误及不当之处，请广大武者、读者、学练者不吝指教。

目录

第一章
第一阶段训练

在总结多年教学与训练的基础上，笔者摸索出一套行之有效的“大成拳三阶段训练法”，针对学练者的不同水平、不同层次，量材而教。实践证明，“三阶段训练法”是快速步入大成拳殿堂的捷径。

第一阶段训练的目的是：掌握大成拳七妙法门（站桩、试力、步法、发力、试声、推手和实作）的基础功法，初步具有放人与自卫的能力，领悟大成拳“不用力而处处有力，无定招而处处是招”的奥妙。

第一阶段的学习内容为：浑元桩（由此衍生其他养生桩）、矛盾桩、钩锉试力、步法、放人练习、单操手和连环技法，还要做模拟练习。

需要说明的是，虽然通过第一阶段的学习可将常人放出，也可具有初步的自卫能力，但就其功力而言，仍很不够。有了科学与正确方法，出高深功夫仍靠自己勤加练习。一般自练的时间安排为：如练功 1 小时，可站桩 35 分钟，走摩擦步和钩锉试力 15 分钟，其他功法 10 分钟左右。在某一阶段为了突出个别功法的练功效果，可适当调整练习时间。

第一节 浑元桩

浑元桩是养生桩的主要桩功，站好浑元桩，可自然衍生出其他养生桩法。有了浑元桩的基础，可顺利过渡至技击桩。

一、桩式

两脚平行站立，左右分开，与肩同宽，身体重心放在两脚掌上，两腿自然站立，既不要有意弯曲，也不要故意挺直；两手抬至胸前与肩同高，两手距胸前一尺距离，两臂半圆，两腋半虚；十指自然分开，手心向内，如抱球状，两臂要有内裹外撑之力，同时要做到身形中正，胸腹空灵。（图 1、图 2）

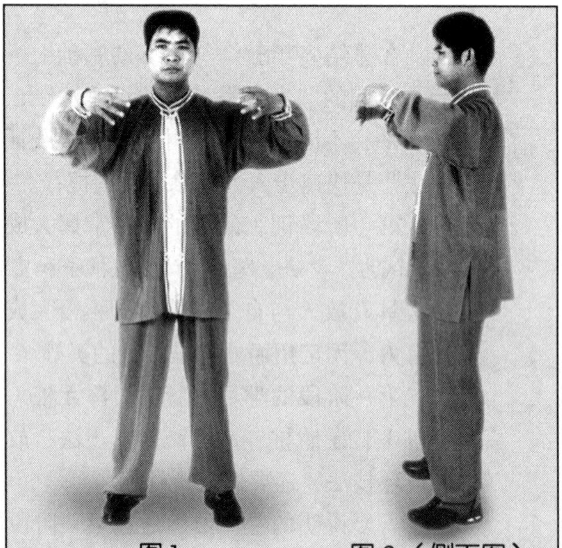

图1　图2（侧面图）

意感活动：设想自身的毛孔全部开放，与外界大气自然相通，有如夏日凉风吹拂之感，舒适异常。又如全身毛发都有伸长摇摆之意，只要自身精神一振，浑身毛发都仿佛有“怒发冲冠”之势，此即《大成拳论》中所说的“毛发根根如戟”。也可设想自身高大无比，顶天立地，四肢仿佛能够支撑宇宙，山河大地如同弹丸，有浩气放纵的精神气魄。

二、站桩感觉

初练站桩，常会出现酸、麻、痛、抖、涨、热、沉、牵引、支撑、舒适、得劲等感觉。麻为不通，抖为紧张，酸为过力，痛有时是紧或桩式不正确，或昔日旧伤所致。初学者开始习练浑元桩时，有上述感觉是正常的，其原因多是不掌握动作要领或过于追求练功效果，超过现阶段肌体能承受的练功时间所致，再有就是练功强度过大。随着练习时日的增加，上述感觉大多能渐渐好转或消除。如果练习多日之后，上述不良感觉还不减轻反而加重，这就不正常了，肯定有其形成的原因。这时习练者要按照站桩的技术要求逐项自检自查动作，发现问题并及时纠正。如果自己不能解决，一定请有经验的教练、老师、前辈指导、纠正，千万不要硬挺着练。因为不从根本上找到原因纠正错误，是很难解决的，对练功有害无益。练习站桩细微之处的失误会直接导致练用效果的失真，习者千万在原则上不要失去大成拳拳学真义。

站桩时如出现热、涨、沉、牵引、支撑、舒适、轻松等感觉均属正常，只不过程度不同。

三、站桩时间

初练时每次站桩时间应短一些，这要根据每个人的具体情况而定。一般一次站桩时间以 5 ~ 10 分钟为宜。如能很快掌握要领也可增加时间。如站桩到一定时间出现肩臂酸痛，这时就是已接近极限时间，就要收功，停止站桩（ 由于站桩姿势不正确不能达一定时间者不属上述范围 ）。随着练功时日的增加，可逐渐延长每次站桩的时间，一般初步掌握站桩要领者均可一次站桩半小时，如能一次站半小时，不酸不累，再增加站桩时间就容易了。一般养生者每次站桩时间应不少于半小时为宜，当然每次站桩时间长，每天站桩次数多，连续站桩日期越长，效果越好。但一天如站两次半小时的桩，不如只站一次 40 分钟效果好，因为一次站桩时间越长效果越好。

四、站桩的原则要求

站桩要求由静到松、由松到整、松中求紧、紧中有松，进而将大成拳中的神、形、意、气、力、声六法综备，以提高功效。站桩时间长，说明由静到松的过程做得好，如不能达到松的要求，一定站不到很长时间。持之以恒、循序渐进、消除急躁、全身放松是练站桩时间增加的关键所在。需要特别注意的是，追求站桩时间长固然好，但还应注意在增加站桩时间的条件下，追求站桩效果才是正确练功的目的，即增强体质、增长功力和恢复功能三个主要目的。

在站桩时，虽然每个人的动作外形相同，但决不是完全一致。王芗斋先生在《大成拳论》中明确指出："只要神意足，莫求形骸似。"只要不失原则和拳学理论的范围即可。练功时应重神意活动与形体结合，如此方为掌握原则，不失偏颇。

站桩的原则要求以舒适自然为度，即站桩时感到自身放松、舒适或很得劲儿。舒适有三层含义：一是动作自然；二是呼吸自然；三是目视自然。关于动作自然，前面已做了详细论述，下面着重介绍后二者。

1. 呼吸自然

站桩时可采用自然呼吸法，日久自然而然的过渡至功中状态之呼吸，即慢、细、深、长、稳、匀、悠。不少人站桩一段时间后，略有呼吸短促或胸闷的感觉，好似必须要进行深吸大呼才舒适一些，此种情况多由自然呼吸至功中状态呼吸的过渡状态，此时可适当注意放松胸部，或把两臂略放低一些即可。

2. 目视自然

站桩时，两眼可睁开目视前方某一目标，也可半睁半闭，还可微微闭合，全凭功中的感觉。一般而言，目视前方时，可精神集中，但过一会儿后，眼睛会产生疲劳感，此时可半睁半闭或微微闭合；两眼轻闭后，肢体与大脑易于处在松静状态之中，但长时间闭眼，可能产生昏睡感或下肢不稳，甚至摇摆感，此时可使两眼睁开。

五、身体的调整

虽然浑元桩的原则要求是舒适自然，但对初练站桩者及体弱多病者来说，稍站一会儿就会出现胳膊酸痛的感觉，既不舒适又不自然。此时，没有必要硬撑着身体站死桩，可对身体进行调整，使之重新达到舒适自然的状态。调整的方法有两大种：肢体调整法和意感调整法。

1. 肢体调整法

此法是对肢体的随意调整。站桩时，如胳膊累了，可把胳膊放低些（图 3），成为非正规的抱球桩，过一会儿慢慢上抬至浑元桩所要求的高度。如站非正规的抱球桩仍有疲惫之感，可再放低一些变为非正规的养气桩（图4），当腿部有不适之感后，可将一只腿迈出变为稍息式休息一下（图5、图6）。当站着不适时，也可坐着练，此时两臂可成撑抱式，也可把两手放在腿上，手心向上或向下均可（图7～图10）。

当坐着练也不舒适时，还可按卧式练。如果采用什么样的姿势均不自在，应暂时停止练功，及时请老师、前辈“看功”。

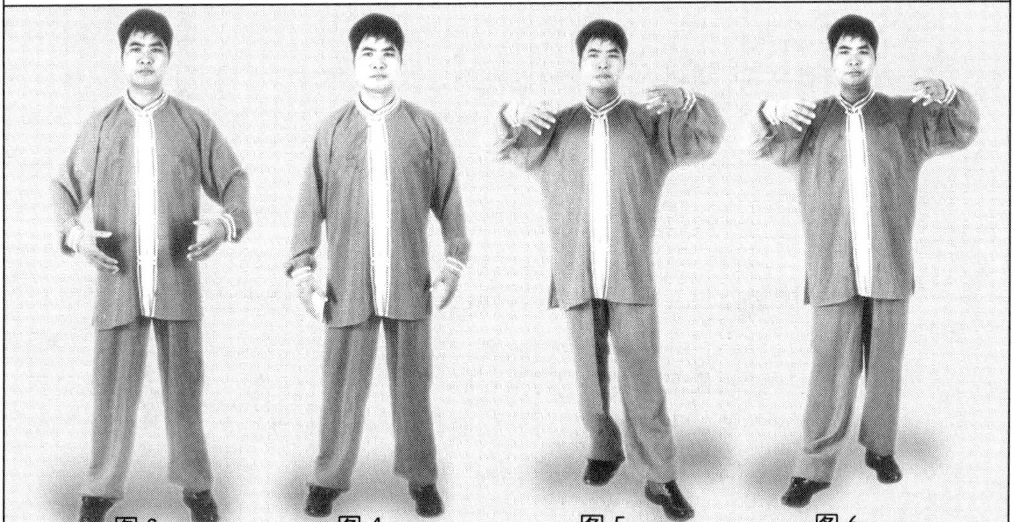
图3 图4 图5 图6

图7 图8 图9 图10

2. 意感调整法

此法是在保持肢体不变的情况下，进行意感调整，常用的方法很多，在此仅举三例。

（1）水浴法

好似自身站在温水中，水深脐部，温度适中，全身放松，然后体会水的阻力感和浮力感，体会水对身体的毛孔、皮肤、肌肉的冲抚之感，感到无比的舒适与自在。

（2）挂棉法

意感自身骨骼好似宝树之干，肢体的肌肉好似朵朵棉花挂在树干上，然后体会肌肉像棉花一样松软、轻柔的感觉，如此可使肌肉产生暖丝丝、温酥酥之感。

（3）放松法

有意放松身体各部，可先使两手、两臂、两肩、胸部、腹部、两腿、两膝、两脚掌放松，然后使背部、臀部、两膝窝、两小腿、两脚跟放松。

以上各种调整方法可互相灵活应用，即在改变肢体调整的情况下，使用 3 种不同的意感调整法。

综上所述，不论对任何体弱多病乃至腿部有病患不能行走的人来说，都可按一个目的和一个原则的要领进行桩功锻炼。比如有的人久病难以站立，可扶着树、墙练功，待病情好转以后，再逐步过渡到正规的浑元桩。

六、收 功

每次站桩结束时的收功非常重要。当站桩时间达到练功时间时，应首先将两手臂缓慢地由桩位放至身体左右两侧，自然下垂，全身放松，然后微闭双目，放弃桩功的假借、诱导的神意活动，平心定意，自然直立，全身放松约 3 分钟，然后睁眼，结束功法。

习练者应养成站桩前的准备和站桩结束时收功的良好习惯，这非常有利于桩功效果的提高和练功后的调整。浑元桩是养生和技击功法的基础功，练者一定要坚持长期训练，体认细微之处，尤其应多重视功法要求、要领和范围的正确性。

注：浑元桩是学练大成拳的基础入门功法，习练者务必高度重视。

第二节　矛盾桩

在浑元桩的基础上，就可以进行矛盾桩的练习。矛盾桩是技击桩的基础功法，此桩的内劲效应越充分，越利于其他功法的应用和发挥，而且到了一定的桩功阶段，还可以前手为盾、后手为矛而衍生出种种技击之法。

一、桩式

1. 两脚的位置（以左式为例）

左脚后跟置于右脚内侧 2/3 处（由右脚掌前部算起），两脚夹角约 15 ~ 20度; 然后，左脚在保持其角度不变的前提下向前迈出，将脚跟置于原脚掌前部，此时即为左丁八步。（图 11）

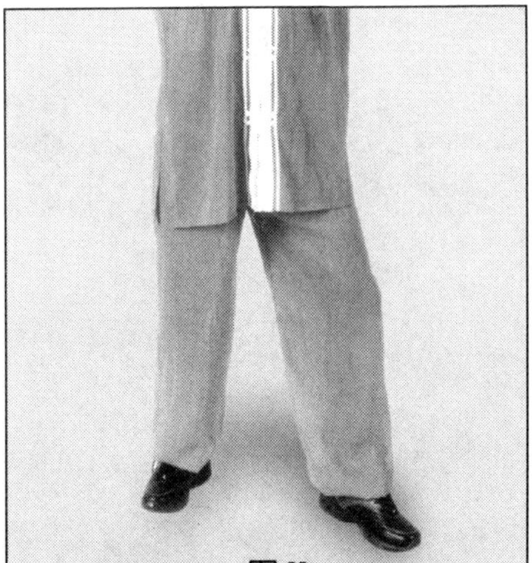

图 11

2. 裹胯

两脚站好后，可将右胯内裹，并稍有后拉之意，将身体重心主要放在右胯，上身微向后靠，形成前三后七之势。

裹胯是矛盾桩的关键一环，毫不夸张地说，如果做不到裹胯，就练不好矛盾桩。遗憾的是，多数习练大成拳者，都难以掌握这一要领。就以笔者来说，在相当长的时间内都没掌握这一要领，只是后来从师于王选杰先生后，才得以领略其要旨。

如何掌握好裹胯呢？我们可以从三个方面来衡量它：（1）不裹胯时，两腿基本是直的；（2）不裹胯时，用手触摸右侧臀部有凹陷之处；（3）不裹胯时，后胯后臀部没有紧张之感。如果做到了裹胯，后腿则呈自然弯曲状态，臀部的凹陷之处将会突出来，后胯后臂则有拉紧之感，有时会有酸痛之感，其紧痛程度要以自己能忍受为度。刚开始时可稍裹胯，待有基础，可加大裹胯程度。（图 12）

3. 上肢肩架

裹胯后，可将两臂抬起，左侧大小臂之间的夹角约 135 度，右侧大小臂之间的夹角约 95 度；十指自然撑开，手心向内，左手离自身约一尺二寸，高于肩部，右手略低略后于左手，两手相距一尺之距。（图 13）

按以上三个方面的技术要求站好后，整体松沉，印堂穴处与左手食指第二节处及左脚掌处应保持在同一条线上，两眼由此直线向前盯视某一目标。

图 12

图 13

二、矛盾桩的练习目的

矛盾桩的目的在于培养锻炼“内劲”。所谓“内劲”，是不露于体表的，存在于体内的，自然而然能随时应运而生的劲力。例如，在我放人与打人时，自我感到没有用劲，别人看到也没有用劲，但作用于对方身上时，被放之人则感到功力雄厚，被击之人则感到威力无穷；或者我手腕轻搭对方身上、臂上，对方则感到如绵裹铁；或者我站好后，任别人推拉，也不为所动，给别人以沉重、稳如泰山之感；或者别人击我，则感到很强的抗击能力；或者我轻轻拨弄对方，对方则东倒西歪，这些都是“内劲”的表征。

三、矛盾桩的原则要求

矛盾桩的原则要求是体会"肌松力"的功感效应。站桩时要求做到周身肌肉放松，尤其是肩部与两臂更要放松，但松而不懈，在松的前提下又有了强大的劲。

如何才能做到这一点呢？此时要心态舒静，周身松沉，同时又感到身前有一壮汉，无论该壮汉如何推、拉、砸、挑我胳臂，而均不为之所动，此为大成拳的"推之不动，拉之不开，砸之不落，挑之不起"的意念锻炼方法。久之，似有重木砸之亦不为所动；我若动手，则即刻制敌于死地。

初练矛盾桩，很难做到肌松力，多数人如果做到了放松，则肢体会处于松弛无力状态，毫无内在劲可言；而如果真正让其做到推、拉、砸、挑不为所动时，则两肩两臂势必呈现僵化紧硬状态，毫无松柔及绵里裹铁之功感。对此，初学者大可不必灰心，只要静下心来坚持练功，一定能达到"肌松力"的内劲功感。

获得"肌松力"的功效后，不论是放人、推手、实作都将发挥着巨大的威力。由于能松得开，在力量方面，可克服蛮力、拙力，能表现自然力的极大灵活性和单操手的多变性，可使技击动作快如闪电，变化莫测，在极短时间内能快速做出各种实战技法，连环出击，神鬼莫测，令敌顾此失彼，充分体现了大成拳不讲招而处处是招之精奥。

又由于在松的前提下不失劲，故可增加力量的整体感、浑厚感以及击打对方的穿透感、重力感。用于放人，则触之即跌；若用于推手，如戏孩童，招之即来，挥之即去；若用于实作，击之即伤即亡。

进行"肌松力"的意感锻炼时，在一次练功中，并不是由始至终都采用被动的推拉砸挑的诱导，需间断的加以应用，即用此意感诱导一会儿后，再采取随意型意感诱导，使思绪有一个休整过程。在进行劲诱导时，要尽量做到若即若离、似有似无。

只要按照正确的矛盾桩的姿势与要求练功，短期即可有较大的收效。对于无任何基础的人来说，如果是业余练功，3个月即可出现抗击性，如果是专门修炼一阶段桩功而又没有效果的人来说，经过正确的方法引导，大部分在5日左右的时间内即可获得抗击能力。开始时，先在腹部出现抗击性，然后发展至上腹、胃部、两肋部及肝部，随着练功的深入，这种抗击性会出现至腰部、背部及头部，最后周身有浑厚感，两臂有粗壮沉重感。

第三节　钩锉试力

钩锉试力是常规试力的一种，可试大成拳中的蓄力、鞭力、撑抱力、杠杆力、二争力等。在教学中，钩锉试力一般分解为预备动作、两掌的过渡动作、钩锉动作等三个步骤分解教学。

一、预备动作

在矛盾桩的基础上，下肢不变（可不再裹胯），将两臂两手稍向内收，使两手距自身约一尺，两食指第一指节之间约一头距离，两手略低于视线。（图 14）

二、两掌的过渡动作

接上势，两肩两臂放松，以两腕带动两手向外分开，使两手掌心斜向后下方，十指斜向前下方（不可太向下，在两手与地面平行的基础上，斜向前下方即可），控制两手中指的距离约一头。（图 15）

三、钩锉动作

上势不停，两掌缓缓向上翻起，使两掌心斜向前下方，十指斜向前上方；继之，两掌向前推去，待推至两臂快要伸直时，两臂外旋，掌心斜相对，两掌心约一头距离；然后，再使两手慢慢回拉，当两腕拉至身前约一尺距离时，再使两掌心缓缓向内，恢复至预备动作。接着，再做第二个钩锉试力，如此反复循环练习。（图 16、图 17）

在整个试力过程中，两手要始终保持一个水平线上，不要忽高忽低，两手前后之间要错开约 10 厘米距离。

对于下肢的要求，可有两种不同的情况：一种是在推拉的过程中，两腿仅随之有微微变动，从整体来看只做两手、两臂的位移；一种是在推拉的过程中，两腿做相应的重心转移，即在两臂快要伸直的同时，使两腿重心前后各半。但在实际应用时，前一种情况较为实用，能使形体若一，力量均整。

试力有五个层次，开始练习以小乘试力法为主，即用意不用力的试力法。试力时，周身放松，可设想两手如推水中之木或水中之船，慢慢将其向前推

图 14　图 15　图 16　图 17

去，然后缓缓向后拉回。待有一定基础后，可训练“出手如锉，回手如钩，力不空出，意不回空”之效能。

第四节　步　法

一、摩擦步

摩擦步是大成拳最基本的步法，由此可衍生多种其他步法。摩擦步具有很高的养生价值，尤其对高血压、神经衰弱、失眠等有较好的疗效。

1. 两脚的位置

下肢保持矛盾桩左丁八式，将左脚向左平移 10 厘米，站好后，要始终记着两脚的角度如何，并在走步过程中保持不变。（图 18）

2. 两脚的路线

将右脚向内平移，使右脚尖距左脚跟约 10 厘米距离（图 19）；继之，右脚沿其角度方向向前迈出，使之与左脚尖约 15 厘米距离（图 20）；然后，再使右脚向外平移 10 厘米距离（图 21）；待右脚落地后，将左脚向右平移，使左脚尖距右脚跟 10 厘米距离（图 22）；左脚沿其角度方向向前迈出，使之与右脚尖约半尺距离，然后，再使左脚向外平移约10厘米距离（图23、图24）。如此两脚交替前行，不论哪脚在前，只需按“内、前、外”技术要诀练习即可。

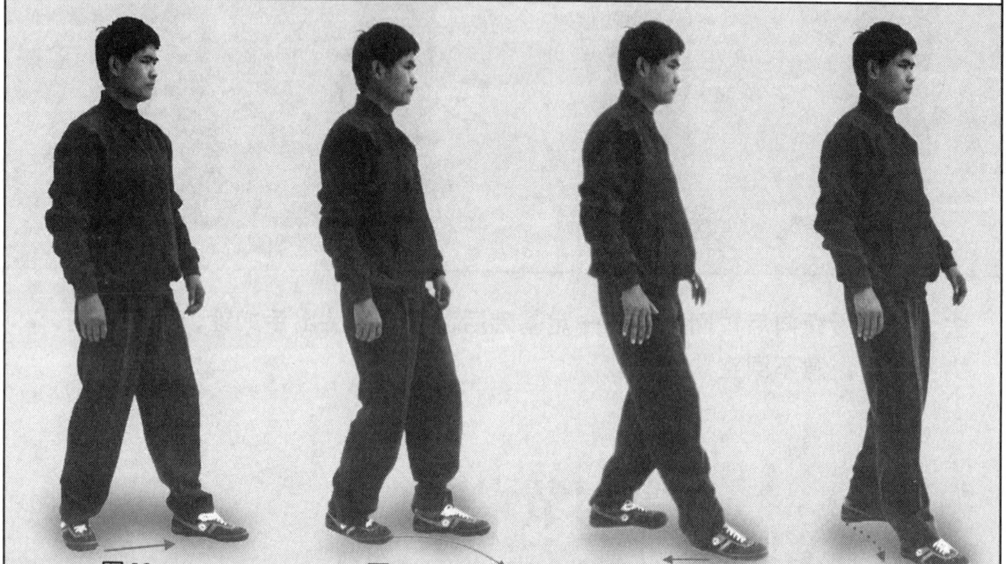

图18　图19　图20　图21

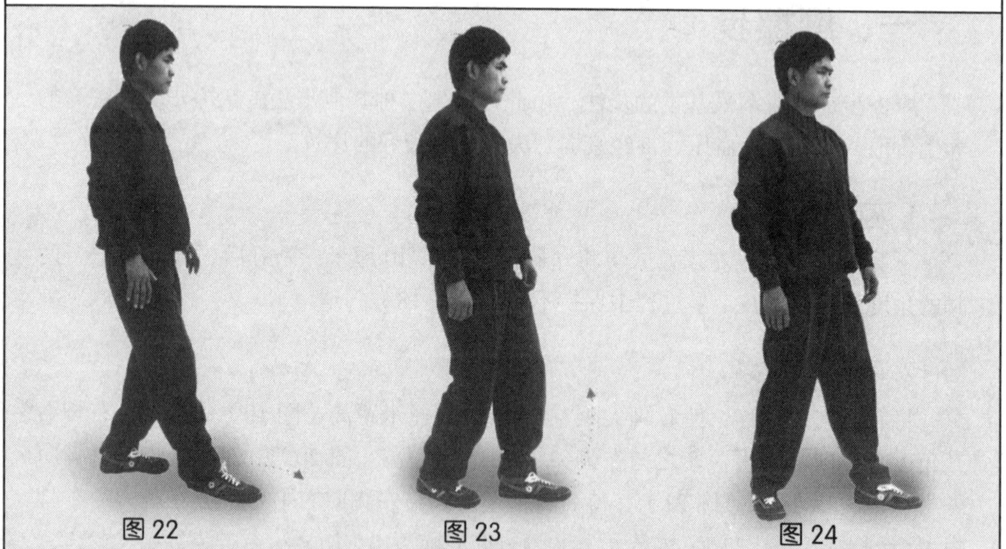

图22　图23　图24

3. 平起平落

当两脚的路线走对后，再将两脚平起平落进行练习。

4. 上肢的位置

将两臂左右分开，与自身约成60度，两手十指分开，掌心向下，整个手臂略向前呈较大的内弧形，在两臂保持这样位置的前提下，配合下肢进行步法练习。

要点：在练习摩擦步时，周身要放松，两眼平视，整个动作要缓慢、均匀、轻柔。两脚的内移和外移总是直角的，但从外形上走出来则为弧形前进的，即“练时直、观为弧”。在进行后退的摩擦步练习时，只要按“内、后、外”3字运步即可。

5. 摩擦步的意感调配

意感两足与地面空气相摩擦，体会周身运动的整体性。

设想在半尺深的水面上进行，水面平静，我一面体会踏水之情景，一面又要保持水面的平静，勿使有丝毫的波纹。

设想在逆水行进，体会水的阻力作用。

设想在稀泥中行进，体会泥的阻力作用和粘性作用。

6. 练习摩擦步的意义

（1）摩擦步在实作中虽然难以应用，但它是最重要的基础步法。练好了摩擦步，可由此衍生出多种其他步法。

（2）走摩擦步可锻炼平衡，求得稳固性，同时又能很好的体会整体性。不论推手还是实作，自身的稳固性和平衡能力是十分重要的。

具体训练方法为：如果我以左脚支撑地面，右脚向前走摩擦步时，可以体认自身的稳固性和平衡性；在我右脚落地，身体重心由左腿缓缓转移右腿的过程中，要体会自身是否松沉、是否沉实、是否具有整体性。

（3）通过摩擦步锻炼，可增加下肢的打击力度，实作时，不论是脚蹬、前踢，还是侧踢、或者膝撞，均会大大提高打击效果。

二、横步

横步可锻炼腿部力量，还能提高身体的灵活性，此步既能退又能进，既能守又能攻，还可绕敌之身侧而击之。

两脚平行而立，与肩同宽，两臂左右分开，与自身约成60度，两手十指分开，掌心向下；然后将身体重心缓缓移到右腿胯部，左脚横跨一步，重心移到左腿胯部，右脚向左随之跨一步；右脚落地后，再抬起，向右横跨一步，重心移到右腿胯部，使左脚再向右随之跨一步。如此两脚交替练习，要注意始终保持两脚距离与肩同宽。（图 25 ~图 27）

意感活动：设想两脚之间有一橡皮筋，脚掌下踏有弹簧，体会橡皮筋的牵拉作用和弹簧的弹性作用。

图 25　图 26　图 27

三、三角步

1. 原地三角步

（1）两脚平行而立，与肩同宽，两臂左右分开与自身约成 60 度，两手十指分开，掌心向下（图 28）；将身体重心移至右腿，左脚向左横跨八寸至一尺，左脚落地后，将身体重心移至左腿；然后右脚向左前方迈步，落于左脚右前方，脚尖着地，成右丁八步，与此同时，上身稍向左转，左手微向上拉，掌心斜向右下方，五指斜向左前方（图 29）。

（2）右脚向右后方退至原水平线，并将身体重心移到右腿，左脚向右前方迈步，落于右脚左前方，脚尖着地，成左丁八步；与此同时上身右转，左手由左向右下方弧形运动至身前，掌心斜向右方，五指斜向右前方，右手向左上方弧形运动至头部右前方，掌心斜向左下方，五指斜向左前方。（图 30）

（3）左脚退至原位成右丁八步，与此同时，上身左转，左手向左上方弧形运动至头部左前方，掌心斜向右下方，五指斜向右前方，右手由右向左下方弧形运动

到身前，掌心斜向左下方，五指斜向左前方。（图 31）

要点：依上述方法两脚交替练习，使两脚在一等边三角形的三个顶点循环运步，故称三角步。在整个练习过程中，左手在身前做顺时针的椭圆形运动，右手在前做逆时针的椭圆形运动。

图 28　图 29　图 30　图 31

2. 进退三角步

下肢站成左丁八步，两掌置于身前，掌心斜向前上方，左掌距自身约 30 厘米，右掌距自身约 15 厘米（图 32）；左脚向前迈半步，右脚随之上步，脚尖着地，并使左掌收回，右掌穿出（图 33）；此动不停，右脚立即抬起，向右前方迈一大步，左脚随之紧跟半步，脚跟提起，脚尖着地，与此同时，左掌向前弧形穿出，至身前约 30 厘米距离，右掌收回，至身前约 15 厘米距离（图 34）；此动不停，左脚立即抬起，向左前方迈一大步，右脚随之紧跟半步，脚跟提起，脚尖着地，与此同时，左掌收回，至身前约 15 厘米距离，右掌向前弧形穿出，至身前约 30 厘米距离，最后定势如起势动作（图 35）。也可做类似的退步练习。

要点：通过三角步的练习，可训练出推手与实作中的躲闪或进攻，力量的化解与发挥，以及灵活多变的身法和技法。训练时，设想我面对敌手，敌以不同打法向我击来，我做躲闪或进攻的假想。

图 32 图 33 图 34 图 35

四、垫 步

垫步又称小踩步，它可提高实战动步的整体性，若用于放人，配合小踩步，效果更佳。垫步在实作时应用较大，攻可进，退可守。

两脚呈丁八步，左脚在前，右脚在后，两臂抬起，两手置于心窝前方（图36）；两手与自身约一尺距离，手心斜向前上方，十指斜向前上方，然后身体重心缓缓移至右胯部位，左脚虚起，向前进半步，重心变换至左脚，右脚随之跟半步（图37）。如此反复练习。此为左式的练习，右式的练习与此动作相同，方向相反，也可类似做后退的垫步练习。

要点：练习垫步时，可设想双脚踩在棕垫上，每踩一步，体会垫子的弹性力量；或设想我两腿两脚有无比的力量，每进一步，欲使地面踩之有痕，踏之有坑。

五、三角垫步

这是将三角步与垫步的组合应用，特别适用较远距离的进攻。其训练方法为：下肢为左丁八步，左掌在下置于左胯左侧上方，右掌在上置于头部右前方；我左脚向左后方撤步，右脚向左前方上步成右丁八步，然后，我以连续垫步之势快速向前进步；与此同时，左掌向身前运行至头面部正前方，掌心斜向前下方，右掌下行至腹前，掌心向内，两掌做出进攻或防守之势。

图 36

图 37

第五节　力量的诱导与发放

一、力量的诱导

当有内劲产生后，我若做一些有形的运动，则会感到上肢乃至整体有沉重充实的感觉，此即自然整劲的表现，欲把这种内劲感受转为充实的自然之力，可通过某些辅助动作而得到体认，然后过渡到各种力量的发放。这种辅助动作称为诱导，其方法为：

下肢呈丁八步，周身放松而充实，两臂由下向上向前、再由上向下向后做甩臂动作。（图 38 ~图 40）

做此动作时，可目视前方一远处目标（如高楼、大山、塔顶等），并设想两臂随着甩动而把所视目标甩出。如此练功，两掌有增厚感，两臂则有沉重感、力度感，随着练功的深入进行，自然之整劲愈加明显。此时，可让一人站在我对面，我对他进行甩臂练习，看看能否把自身沉重充实的整劲作用于对方，并在我两掌触及对方胸部时，将其甩出。

对于初学者，练习效果往往不是很明显，可能是由以下三个原因所致：

（1）周身松懈，没有把沉重充实的力度带出，给对方软绵绵的感觉，无法将对方甩出。

图 38　图 39　图 40

（2）在我两掌接触对方时，突然胳膊发紧，两掌有意撞击对方，而不能使内劲溢出。

（3）改变了力的方向。在做甩臂动作时，其力的方向本来是由下向前上方以45度的角度甩出；可在接触对方时，无意中改变了方向，即将甩人的动作变成单纯向前推人的动作，无法使自然的本能之力得到更好的发挥。

二、自然整劲

当甩臂能将人甩出时，即可把甩臂动作的幅度变慢变小，直至两手处于相对的定势状态。

两手置于胸前30厘米距离，掌心斜向前下方；十指斜向前上方，然后整体放松，周身先向下向后做一个蓄力动作，使后腿变屈，整劲下沉；紧接着后腿直起，整体再做一个向上向前的动作，并使两腿弯曲度相宜，身体重心于两腿各五成。（图41、图42）

如此反复做向下、向后、向上、向前的整体动作。在做此动作时，要体会周身气血动荡不已之情景，体会整劲之感受，此种感受尤如坐在行驶中的列车中，而列车突然急刹车，坐车者会有一个自然向前的惯性动作，这就是自然整劲的真实体现。

图 41　　图 42

三、定步放人法

当周身出现沉重的惯性整劲后，即可配合放人训练，以体会在空间位阻状况下的整劲效果。放人法可分为定步放法和动步放法。不论如何放人，务必要做到整体犹如冲撞身前的墙或楼房或大山，而两臂好象向前穿出很远很远。

1. 单纯放人法

当我诱导整劲的动作熟练后，即可站人身前，下肢呈丁八步，我双手触其胸部。整体向下向后做一个蓄力动作；然后以我的自然整劲向上向前将其放出。

在整个过程中，双手始终不能离开对方胸部，开始蓄力时，两臂要保持一定的弯曲度，不要伸直，以使两臂有回旋余地。

2. 弹抖放人法

先摆好基本身法——下肢为丁八步，上肢为扶按式。意想我双手按在弹簧上，并随之弹性动作做反复弹抖伸缩动作，然后再以单纯发放之法向前做撞击动作。

实际放人时，我两手触及对方胸部，先做快速、多频的弹抖动作，以破其重心；然后我周身下沉，并迅速再以周身笃实圆整之力将其放出。

3. 旋动放人法

按基本身法站好后，仍将两手掌心斜向前下方，右手的指尖斜向前上方，左手的指尖斜向右上方，并设想两手如搭一物；然后使双手逆时针划圈，以拨旋搭物，继之再以单纯发放之法将所搭之物撞出。（图 43、图 44）

实际放人时，我两手触及对方胸部，先在其胸部做弧形的旋拨动作，使其重心不稳，然后，我周身下沉，待蓄足饱满笃实劲力之后，再起身将其放出。

4. 转动放人法

基本身法摆好后，使两手距离大于一头；然后，可设想两手如扶按于磨盘两侧，先使之做向左的转动，再使之做向右的转动，意想磨盘随我两手推转而左右晃动；继之，我两手同时向前发力，将磨盘推出。（图 45、图 46）

实际放人时，我将双手置于对方胸部，分别以双手推转双方，使对方身体左右摇摆而失去重心，我趁机周身下沉，蓄足劲力，再以发放整劲将其撞出。

5. 叉臂放人法

下肢站成丁八步，两臂在身前做交叉状，左臂在上，右臂在下，两手则呈空握拳状；然后，可设想两手如卡一树，并以周身带动两臂，向左右摆动，树身则如巨风吹晃；此时，我以周身之力撞击树干，将其放倒。（图 47）

在我放人时，对方若欲左右躲闪或化解我力，我立即以两臂卡住对方上身，并以两臂左右摇摆对方上身，使对方难逃我之天网，趁对方受我控制之机，再以两臂为力点将其放出。

图 43

图 44

图 45

图 46

图 47

四、动步放人法

定步放人有一定的基础后，即可进行动步放人训练，此法是配合有关的步法进行放人，主要用于对方体壮或重心较稳时，我使用必要的步法调整，选择适当的角度与方法进行放人。动步放人主要有以下 5 种。

1. 踩步放人法

按基本步法站好后，前脚向前进半步（踩步），后脚紧跟半步，在进行踩步的过程中，体会周身的自然均整之力，若碰有物，即被撞出。

放人时，我双手置于对方胸部，若放对方效果不好，我立即以踩步向其中线踏进，并连续不断地向前进行踩步，每踩一步均以整体弹力弹抖对方，逼迫对方连连后退，待其重心最为不稳之际，我以最后一个踩步，最充足的整力将其放出。

2. 三角步放人法

先按基本步法站好，然后将身体重心移至后腿，前脚向后旁侧撤步至另一脚外侧，待此脚落地后，另一脚向前内侧迈步，并使足尖点地成丁八式虚步，此时我周身松沉，蓄足稳实之整劲，再迅即稍有起身，向上向前做冲撞动作。（图 48 ~ 图 50）

图 48

图 49

图 50

在欲放对方时，若对方后脚支点很稳，我立即撤前脚而上后脚插敌裆前中线部位，使其失去后脚的支撑作用，待我两足站稳后，周身微沉，并迅速以自然之整劲将其撞出。（图 51 ~ 图 53）

图 51

图 52

图 53

3. 绊腿放人法

我按左式的基本身法站好后，左脚稍向左跨步。同时，上身略向左转，两手微呈后带之势。然后，我将身体重心移至左腿，右脚向内再向前向外弧形迈一大步成右丁八步，与此同时，上身微向右转，两掌向前做撞击动作。（图 54 ~ 图 56）

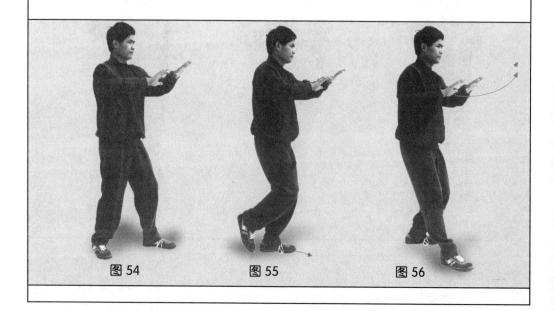

图 54

图 55

图 56

当对方具有一定功底不易放出时，我左脚先向左跨步，再使右脚向前迈一大步至对方右脚外侧后，以右脚跟部位勾绊其右腿，两掌向前以自然整劲推放对方，使其跌出。（图 57 ~图 59）

图 57　图 58　图 59

4. 铲腿放人法

我按左式的基本身法站好后，右脚向前垫出半步，左脚抬离地面，以脚掌内侧先向右后方做铲踢动作，然后再做反方向的铲踢动作，左脚落地后，周身松沉，两掌向前做撞击动作。（图 60 ~图 62）

图 60　图 61　图 62

放人时，我先使后脚略向前垫步，然后将前脚抬起，先使之向后铲踢对方前腿，再反向铲踢其后腿，使对方下肢不稳，我迅速将脚落地，以周身自然整劲将其放出。（图 63 ~图 65）

图 63

图 64

图 65

5. 拉腿放人法

我以右式的基本身法站好后，两腿弯曲，重心下沉。同时左手向外向下再向内向上做弧形运动，置于左胯前约半尺距离处，手心向上，五指斜向右前方，然后我上身直起，以周身自然之整劲向前拨出。（图 66 ~图 68）

图 66

图 67

图 68

放人时，若感到对方下盘较为稳固，我立即屈膝弓身，使左手下滑，并由外向内向上提拉对方右腿，右手仍触按对方胸部，然后两脚蹬地，上身直起，向前以圆整之力发放对方。（图 68 ～图 71）

图 69　图 70　图 71

第六节　单操手和连环技法

单操手系实作训练的单纯性技击手法，其方法很多。恩师王选杰先生在《大成拳功法及实作》一书中，共介绍了 21 种常用的单操手。对于初学者来说，可择其要，重点练习。须知，拳艺在精不在多，更在于熟能生巧，举一反三，善于变化，以一生十，神出鬼没，出手无常。

一、圈 捶

在大成拳的功法中，圈捶是最为常见、最为实用的技击方法，此法易于进攻，易于变化。

1. 单势练习

下肢呈丁八步（以左式为例），左臂置于体侧，左手空握拳，右臂置于身前，右手空握拳，护住下颏（图 72）；然后，左臂左拳由体侧向上抬起后，再向内击出，使左拳置于头部左前方（图 73）。此动作是分两次完成的，熟练后，即可进行一次性的左圈捶练习：即左拳由体侧向前向内弧形进出。依此法可进行右式圈锤练习。

2. 两拳交替练习

下肢不变，两手空握拳置于体侧，左拳由体侧向上抬起后，再向内击出（图74、图75），然后左拳略向后拉，使之护住下颏，右拳由体侧向上抬起后，再向内击出（图76），如此反复练习。熟练后，即可进行两臂的弧形交替练习。

3. 标准圈锤练习

下肢不变，两手呈空握拳，左臂呈钝角，左拳置于头部左前方，呈出击状，右拳护住下颏（图77）；左拳略往后拉、右拳下落至体侧，在我左拳继续后拉护住下颏的同时，使右拳由体侧向上向前向内弧形击出，然后，右拳略往后拉，左拳下落至体侧，在我右拳继续后拉护住下颏的同时，使左拳由体侧向上向前向内弧形击出（图78、图79），如此两臂做交替的圈锤练习。

4. 配合步法练习

以上为圈锤的定步练习，也可配合步法进行练习。

（1）配合熊形步练习

当我迈左脚时，做左圈锤，右拳护住下颏，然后再迈右脚，做右圈锤，左拳护住下颏，如此使两足两手配合做前进的熊形步法圈锤练习，也可做类似的后退练习。

图72

图73

图74

图75

图76

图77

图78

图79

（2）配合鸡形步练习

我从左式丁八步开始，当我左脚向前迈出、右脚跟进之时，做右圈锤，左拳护住下颏；然后，左脚由后向右前方迈一大步，左脚跟进半步，同时做左圈锤，右拳护住下颏，如此两足两手配合向前练习。也可做类似后退练习。

（3）配合三角步练习

下肢站成左丁八步，在我退左脚、右脚上步之时（已变成右丁八步），做右圈锤，左拳护住下颏；然后，我退右脚，使左脚上步成左丁八步。同时，做左圈锤，右拳护住下颏，如此两足两手反复循环练习。

5. 圈捶的模拟性对靶训练

圈锤是主要用于圈打对方头部两侧及耳根部位，若位于敌侧，可进攻对方面部或后脑部位。训练时，意中有敌，而我两拳轮番向其耳门击打。圈锤空击熟练后，即可进行模拟性的对靶训练。

（1）让一人站我身前，两手戴上拳击手套，两手靠拢，高于头齐，我以圈锤击打对方戴有拳套的双手。

（2）对方双手在空间移动或躲闪，我用圈锤击打对方运动的双手。

（3）对方戴上散打的护头，并进行躲闪，我用圈锤击打对方头部。

二、劈拳

1. 正劈

下肢呈右丁八步（以右式为例），两手抬起，左掌置于右肩前约半尺距离，掌心斜向右前方、右掌高举过头，置于头部右侧前上方，掌心斜向前下方（图 80）；然后，在我身体重心稍向前移的同时，两手向前下方做弧形的下劈动作，使左掌置于腹前约 15 厘米距离处，右掌置于左掌右前方约半尺距离处，两掌心均向下（图 81）。

图 80　　图 81

2. 反劈

在正劈的基础上（以右式为例），两手不停，使之继续向左向后运行至体侧（图 82）；然后再使两掌向上运行，使左掌心高举过头，置于头部左侧前上方，掌心斜向前下方，右掌置于左肩前约 15 厘米距离处，掌心斜向后上方，同时，将身体重心略向后移（图 83）；继之，在我身体重心再往前移的同时，两掌向前下方做弧形的劈打动作（图 84）。

要点：对于初学者应先练正劈拳，再练反劈拳，两者熟练后，可同时一次性做出正反劈拳动作。此乃劈拳的右式练法，左式练法与此相同，方向相反。在练右式正劈拳时，可意想一敌立于身前，我用左掌劈敌胸部，用右掌劈敌面部；练右式反劈拳时，我则用右掌劈敌胸部，左掌劈敌面部。

图 82　　图 83　　图 84

3. 劈拳的模拟性对靶练习

（1）让一人立于身前，我用劈拳劈打对方。因是同伴互练，非实搏自卫，故在我做劈拳时，应用发放力，不可用穿透力。劈打的部位是：正劈时应劈打对方胸部或左肩部位，反劈时应劈打对方胸部或右肩部位。

（2）让对方带上护胸与护头，我用劈拳以穿透之势劈打对方。

（3）允许对方躲闪，我以踩步或三角步等进行追劈。

为了增强劈拳效果，在进行对靶练习之前可先进行步法练习。最常见的是配合踩步练习，即每走一次踩步，就做一个正劈拳，走第二次踩步时，再做一个反劈拳，如此反复练习。

三、炮 拳

1. 定位炮拳练习

下肢站成右丁八步（以右势为例），两臂抬起两手空握拳状，左拳护住下颏，右拳向前伸出，高于头部，与左拳相距约30厘米距离（图85）；然后，上身稍向右转，使左拳向前击出，右拳回收护住下颏，再使上身稍向左转的同时，左拳回收护住下颏，右拳向前击出。（图86、图87）

若站成左式的丁八步，则为左式的炮拳练法，左式练法与右式同，惟方向相反。

要点：炮拳的作用比较直接、快速。主要可打击对方脸部、颈部。训练时，可设想自身前方有一棵大树，枝干粗壮，盘根错节。我每发一拳如重炮轰击，大树随之被炸成碎段。

图 85　　图 86　　图 87

开始练习炮拳时，速度可慢些，重点体会整个动作的协调性与正确性。有一定基础后，可进行快速练习，以体会炮拳的弹性作用与重击效果。例如：当我右拳在前时，可先将右拳自然弹出，在右拳向后弹回的瞬间，左拳则闪电般的向前击出，除此之外，我也可使右拳连续快速的向前弹出，然后再使左拳击出。

2. 配合步法练习

（1）配合熊形步

先站成右式的炮拳姿势，然后，在我左脚向左前方迈步变成左丁八步的同时，使左拳向前击出，右拳回收。此动不停，在我右脚向右前方迈步变成右丁八步的同时，使右拳向前击出，左拳回收。如此不断向前练习，也可做类似的后退练习。

（2）配合进退三角步

我站成右式的炮拳姿势，先使右脚向前垫步，当我左脚向前跟进之时，使左拳向前击出，当我右脚向前跟进之时，使右拳向前击出，左拳回收，如此两拳两足配合向前反复练习，也可做类似的后退练习。

（3）配合原地三角步

我站成右式的炮拳姿势，我右脚向右后方退步，左脚向左前方上步，使之变成左式丁八步，与此同时，左拳向前击出，右拳回收；然后，左脚向左后方退步，右脚向右前方上步，使之变成右式丁八步，与此同时，右拳向前击出，左拳回收。如此两拳两足配合交替练习。

3. 炮拳的模拟性对靶练习

（1）让一人戴上拳击手套站在我身前，并将两手举起，我用炮拳连环轮番击之，也可先用左拳或右拳弹之，然后再用右拳或左拳击之。

（2）对方的双手向左右摆动或向后移动，我寻找机会击其双手。

（3）对方戴上散打的护头，并进行躲闪，我用炮拳通过步法、身法调整，击其头部。

四、扇 掌

扇掌包括正扇与反扇，其练法如下（以右式为例）。

下肢站成右丁八步，左掌置于左肩前约15厘米距离，掌心斜向右后方，右掌举起，高举过头，与右脚相齐，掌心斜向左侧前下方（图 88）；上身稍向左转，右掌随之以肩跨之力向左下方做弧形的扇击动作，同时，左掌向左下方运动，至左肋前约 15 厘米距离，手心向下，右掌落于左掌上方约 15 厘米距离，手心向后（图 89）；此动不停，在我稍向右转身的同时，迅速使右掌弧形弹至原位，左掌随之带至右肩前的原位（图 90），然后再做一个扇掌动作。左式的练法与右式相同，方向相反。

图 88　图 89　图 90

1. 扇掌与横步配合练习

当我左脚向左跨步、右脚向左跟进之时，使右掌做一个正扇掌动作，然后，将身体稍向右转，立即做一个反扇掌动作。

2. 扇掌与踩步配合练习

当我向前走一个踩步时，做一个正扇掌，然后身体稍向右转，立即做一个反扇掌动作。

3. 扇掌的模拟性对靶练习

（1）主动进攻

让对方身穿护胸，戴好护头，我右掌用正扇掌击其面部，再用反扇掌击其右面部，我做扇掌动作时，对方可进行躲闪，我用扇掌配合步法击打活靶。

（2）被动进攻

让对方用右直拳向我面部击来，我用右式正扇掌，将对方右臂扇开，并迅速地用反扇掌弹击对方面部。

五、金刚膝

1. 单势练法

下肢站成左丁八步，两手抬起高举过头，两手约30厘米距离，手心斜向后下方（图91）；左脚稍向前垫步，在我身体重心移向前腿的同时，将右膝提起，向前做顶撞动作，两手则如利刃，向下做砍击动作，使之落至体侧（图92）；我右脚落至左脚内侧，同时使两手抬至原位（图93）；我左脚向前迈步呈丁八步，在我将身体重心移至左腿的同时，使右膝做前顶动作，两手做砍击动作。如此反复向前做金刚膝的动作（图94）。

当站成右丁八步时，练法与上述动作类似。

2. 双势练法

在单式练法的基础上，当我顶右膝，落两手之后，我右脚向右前方落地成右丁八步，同时将两手上举过头；在我将身体重心移至右腿之时，两手向下做砍击动作，提左膝向前做顶撞动作，按此法使两手两膝交替做砍击、顶撞动作。

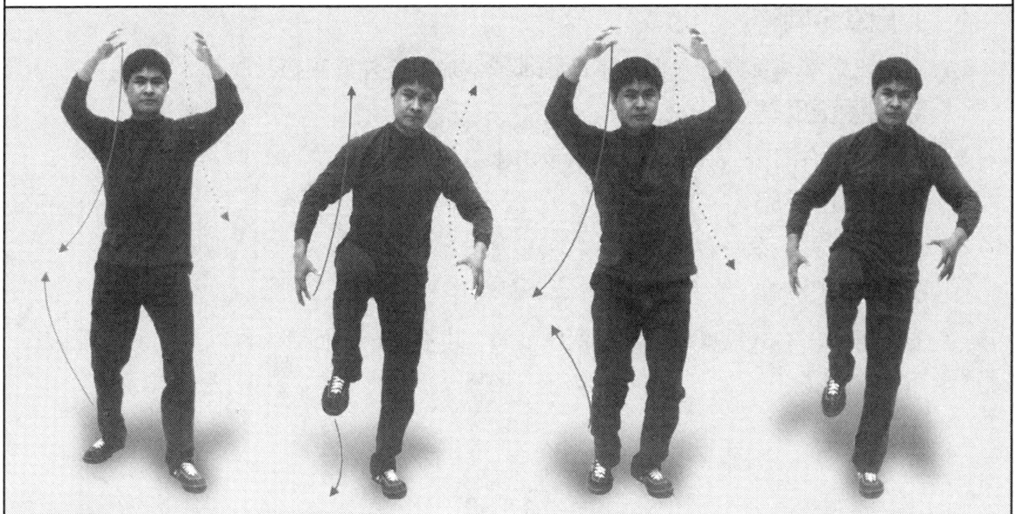

图 91　图 92　图 93　图 94

3. 金刚膝的模拟性对靶练习

（1）我站在一吊挂的沙袋前，用金刚膝不断地顶撞沙袋。

（2）让对方身穿护具、护裆，我用两手卡其颈部；然后两手向下用力，用左膝或右膝顶撞对方裆部或腹部或胸部。注意，要控制好力度，不要伤及对方。

（3）我下肢站成左丁八步，让对方用右直拳向我击来，我迅速使两手上举，并使左臂将对方右臂挡开；然后两手腕卡住对方颈部，向下骤然用力，同时提右膝撞击对方。注意，不要伤及对方。

六、连环技法

当单操手熟练后，还可把它们进行不同的组合，以形成连环技法。在第一阶段训练过程中，可进行以下最常见的几种练习。

1. 左右圈锤连环炮

左圈锤——右圈锤——右炮拳弹出——左重炮拳。

2. 圈锤卡颈金刚膝

左圈锤——右圈锤——两拳变掌以腕卡住对方颈部，同时，用左膝或右膝撞击对方腹部或裆部。

3. 扇掌金刚膝

右式正扇掌—反扇掌—两腕卡敌颈部或双肩，提左膝顶撞敌腹部。

4. 圈锤正反劈

左圈锤—右圈锤—右正劈拳—右反劈拳。

5. 炮拳正反扇

左炮拳—右炮拳—右正扇掌—右反扇掌。

6. 劈拳加炮拳

右正劈拳—右式反劈拳，然后两掌变拳，以右拳击敌面部，再以左拳击敌面部。

第二章

第二阶段训练

当达到第一阶段功效后，经过适度的巩固练习，即可进行第二阶段的训练。一般而言，对于参加中长期面授的学习者，在第2个月或第3个月开始可学习新的功法内容；对于速效式面授的学员来说，坚持练习了3～5个月以后，就可参加第二阶段的学习；对于自学者来说，具有了一定的整体力与放人能力后，方可进行此阶段的训练。

第二阶段训练的目的：

(1)充分体认整体的松沉之力，并使劲力变为切实可行的“活劲”。

(2)掌握反放之法，即当对方欲用发放之力作用我时，不但使其之力化为乌有，反而将对方放出。

(3)掌握推手中的控制与反控制之法，懂得守中用中的原则要求。

第一节 自然力与矛盾桩的深化练习

当站矛盾桩具有一定的撑抱基础和整体感应后，即进行深化练习。深化练习的过程如下。

一、体认自然力

所谓自然力，在训练时要注重内涵，不拘形式，旨在发挥人体良能，以练成触觉的活力。在实用时，则能自觉不自觉地发挥内在潜力，而施加对方穿透性或发放性很强的一种劲力。一切任凭自然，出于本能，毫无任何强求之意。王芗斋先生在《大成拳论》中特别指出：“今夫本拳之所重者，在精神、在意感、在自然力之修炼。”这也是与其他拳法的不同之处。如少林拳讲究“寸劲”；形意拳达到的是“整劲”；太极拳要做到的是“爆发力”或“弹劲”；大成拳所称的自然力，也叫本能力。

我们知道，人们在运动过程中所产生的力量，完全依赖于肌肉的收缩。鉴于此，不少拳家把全身紧张而产生的爆发力看作是拳术的高级力量，认为在一瞬间身体紧的程度越好，所发挥的力量越大。大成拳中也有类似的力量，但与此有着本质的区别，而且也不是高级力量。殊不知实作时所产生的爆发力，势必导致全身紧张，不利于力量的发挥，更不利于本力的发挥。王芗斋先生告诫我们：“不论试力或发力，须保持身体松和。”例如一辆行驶中的汽车撞在某个物体上，会有很大的惯性，产生很大的冲撞力，可谓汽车的本能力，这是因为汽车具有较大的质量和速度。速度越大，冲撞惯性越大，但并不是由于汽车的爆炸所造成的，当然汽车爆炸也会产生杀伤作用，但决不是汽车运动的本能力。再如，一头壮牛，它若突然跑起来，也会产生牛的本能力。其大小取决于牛的质量和速度，此时牛并非需要全身紧张一下才能撞倒一个人或一堵墙，而是在牛产生本力的同时，牛的肌肉该紧张的就紧张，该放松的就放松，并不受意识控制。

人体的质量（重量）是有限的，但是通过站桩和试力可得以最大程度的发挥，其中加强自身重力感和提高速度是一个最有效的手段。练功时多加注意身体放松，消除肌肉紧张，自然能体会到周身的重力感，这在不同的站桩和试力阶段可得以体认，功程越长，练功越深入，其重力感越明显。试力时尤要注意动作缓慢均匀，以求实作时产生较大的加速度，只要能很好地将肢体的重力感和加速度有机地揉和一起（此可谓大成拳的自然力），而且速度越大，重力感越突出，其劲力就越大。

只要一提到速度，提到发力时的速度，人们很容易与紧张联系在一起，有的人认为在身体触敌之前，要有意识先放松，出手发拳的瞬间骤然一紧，产生所谓“爆发力”。如果真的做到这些，显然受到意识支配，增加精神负担，在与对手交手的变换动作中，不可能顾及身体怎样放松、怎样紧张，就是顾及到了，亦非本能。大成拳的本能力，则由触觉支配，虽然要求突然增大加速度，但并不一定要求全身都紧一下，而仍要放松，假如说身体某些部分有紧张的成分，亦非意识所为，在发挥本能力的同时，身体该紧的部分就紧张，该松的部分就放松，所松所紧，任其所为。著名武术实战家王选杰先生与海内外众多名家试争较技中，所胜之例枚不胜举。王选杰先生不论摔出对方，还是弹飞他人，所发所收，皆自本能，周身仍很轻松，并没有什么特别的紧张，真可谓炉火纯青，上上之乘!

对大成拳劲力的属性认识是一个关键问题，如果认识不到这种力量的自然本能性，虽练功刻苦，收效也不会大。王选杰先生在《王芗斋与大成拳》一书中指出：“有数十年功夫笃实者，由于悟性差，功夫亦见平常；亦由于悟性较好，只有二三载功夫，其造诣可臻上乘。”这种悟性包括对拳学理论的纵观认识，其中对劲力的自然性的理解是一个重要方面。如果搞不清什么是自然力，甚至弄不清它与拙力、本力的区别，则终难见成效。除了自己用功外，还要多设疑问，向名师多请教，注意观察他人发力实作的情形，与有一定经验的人进行推手和实作练习，也可以让他人在自身试一试，多加体认，经常不断地在大脑里留下感性认识，若缺乏这种具体的体验与观察机会，虽然站桩费时多，反而还会僵化身体。因此，对于站桩，既要看站桩的时间，但更主要的是讲究站桩的质量，只有在合适的精神意感支配下做到最大程度地放松，才能有效地恢复先天之本能，加强自然力的培养，则站得越多越好，反之，就站成了死桩，适得其反。

大成拳的自然力充分体现在劲力增长的科学性。对于基础功法的站桩，则不要求走经络，而以舒适得力为主，整体全面发展，温养筋肉，培养“内气”，再由“内气”化为“内劲”，自然周身气血动荡不已，浑身毛发有长伸直竖之势，由此，“则身体之筋骨不练而自练，神经不养而自养，周身舒畅气质亦随之逐渐发达。”

大成拳的自然力具有临战时的灵活多变，应感无穷的特性。既然自然力是一种本能的东西，所以可根据实战时的触觉要求而自动地发挥各种不同形式的、不同方向的劲力。不论进退攻守，不论劈打、钻打、顺步打、横步打等，不论处于任何角度，或是否触及对方，均可本能地给予对方应有的打击。如果平时训练拘泥于章法，对于初学者，与对方有一定的距离时尚可发挥劲力，一旦触及对方，就感受到了实体的阻碍而难以发挥，这亦非自然力应有的动态属性。

自然力是大成拳内在功力的一种体现，按其具体应用和表现形式可分为开合力、二争力、浑元力、缠绵力、弹力、杠杆力、整体力等，不论何种劲力，在应用时均需体现其“自然”“本能”的特性，自我感觉要感到松和柔顺、“得劲”，而使对方感到气势逼人，劲力穿透，发放干脆，威力无穷。那么，如何有效地强化自然力的训练呢?对于初学者来说，可以采用如下训练方法：间架结构要基本保持矛盾桩的姿势，所不同的是，整体要充分体会沉重之感；此时，躯干部分已被完全松开，下肢的支撑力度会加大，两腿会产生自然的弯曲度，此种练习，很多人难以坚持较长时间。开始时，左右两式各练2～3分钟即可，然后再恢复至常规的矛盾桩。

二、前后整体力

站桩的姿势为中级矛盾桩，其练法为：在初级矛盾桩的基础上，前脚稍向前向外移开，略使两腿弯曲（注意：不可太弯曲），身体重心过渡到前四后六，上身中正，无有后靠之意，两臂稍向外向前撑开，两手中指有向前分出突起之意，其他要领与初级练法相同。（图95）

意感活动：可设想自身如同粗壮大树，扎根地层深处，盘根错节，十分牢固，不论任何人对我前拉后推，我均不为之所动；或可设想自己周身处处皆含弹簧，通过整体的微动和肌肉的松紧变化，体会其弹簧的弹性作用。若有大汉向我扑打过来，或有无数砖头、石块向我砸来，一碰我身体立即被弹出去。

图95

在桩功练习有一定基础之后，可体认有形的前后整体之力。例如，在整体松沉的前提下，我躯干部位可做微微的后靠动作，再立即做向前撞的动作。

开始时，前后的动作要分明，即不论是后靠还是前撞均要以“整”为其要则；待有基础后，可使前后的动作频率加快，最后形成一个主要以前撞为目的的整体动作。

原理是：向后为蓄，即蓄足周身之力，蓄有预发动的作用，有了预发动，可产生很大的向前冲撞的整劲。在做此练习时，两足要有前后分争之意。

自己练到一定程度后，可进行双人的相互练习，即让对方以单掌在我胸部施加一个推力，我做向前的冲撞动作，使对方能感到明显笃实的阻力；然后，可让对方以双掌向我做发放动作，而我在稍感对方力势时，即迅速向前冲撞，使对方发放之力不能奏效。

做此练习需注意的是：预发动的幅度不可太大，而且它与前撞的衔接间隔必须极短，否则，会给对方以可乘之机，反而更易被对方所放出。

三、左右螺旋体验

在中级矛盾桩的前提下，可以体验左右螺旋之力。王芗斋先生指出："盖螺旋力，以余之体认，非由三角力不得产生，而所有一切力量都是筋肉动荡与精神假想参互而为，皆有密切连带关系，若分而言之，则又走入方法之门，成为片面耳。"

站好中级矛盾桩后，当整体具有松适之感后，我上肢与躯干部位之间、上肢大小臂之间、下肢与地面，均要保持有三角之撑力。此时，以我整体的中线为轴心，先做一个向左旋转的运动，然后再做一个向右旋转的运动，如此循环运动。也可以做先右后左的螺旋运动。（图96～图98）

图96　　图97　　图98

在做螺旋转体时，要由慢至快，最后于瞬间完成。左右螺旋的作用在于化解作用于我躯干部位的力量，破坏对方身体重心，借力打力，给对方施加较大的作用力。

当单人练习熟练后，可进行双人的效果体验训练。对方以发放之力作用我胸部，当我感到对方力的来势后，立即以左右的螺旋之势转动身体，使对方失去力的作用点而不能奏效。

需要注意的是：左右螺旋要几乎没有间隙。如果我在左转体稍有停顿，即可被对方利用，对方可能会因我的左转之势，施加一个同向之力把我放出。如果我左右螺旋的时差极短，对方则无机可乘。

四、外撑内抱体验

1.练习姿势

在中级矛盾桩的基础上，两臂略向外开，先使周身放松，在我两臂保持沉实的前提下，意感有巨力向两臂挤来，我两臂要有外撑之意，而不被巨力所挤压，或者意感有很大的力向外拉我两臂，我两臂要呈自然的内含之势，不被其拉开。

2.练习的作用

通过撑抱训练，可使两臂的筋腱肌肉得以很好的锻炼，加之整体的力源作动力，能大大增强两臂的外撑与内含的劲效果，当意感训练一定程度后，还可做实际的两臂撑开或合臂的微动体会。做此动作时，要认真体验两臂肌肉的收缩作用。

3.练习效果检验

如何知道其训练效果呢?方法是：我以此桩站好后，找一个拳友在我两臂做向内的挤压或磕打，也可让对方以我两臂内侧为力点，进行外拉或击打，如果我两臂不为所动，则说明已见成效。

第二节 试力与步法

第二阶段的试力可使自身更好地体会力量整体性、螺旋性与弹性效果，步法训练能增强整体的阻力性与进攻的快速性。

一、风幡试力

下肢动作与矛盾桩相同，两手在自身的两侧抬起，两臂略有弯曲，掌心向前，手指自然分开，微有弯曲而指向斜下方，用身体带动两臂，前后慢慢摆动，自身犹如旗杆，两臂如同风幡，微风吹之而动。开始可求大动，后求小动，再求微动（图99～图101）。此为左式练法，右式动作与之相同，方向相反。

此功法可求生生不息之真功，能试大成拳的整体力、浑元力、惰性力、抗击力、惊抖力等。

意感活动：设想自身顶天立地，站在汪洋之中，随着身体的前后移动及两臂的前后摆动而掀起滚滚巨澜。

图99

图100

图101

二、磨盘试力

下肢动作与矛盾桩相同，两臂抬起，与胸同高，两掌心相对，左手与右脚相齐，右手略后于左手，两手距离稍窄于两肩；然后以身带动左掌向后拉，右掌前推；待右掌在前，左掌在后相差半手时，再将右手后拉，左掌前推，如此往复，连绵不断（图102、图103）。此为左式练法，右式练法与此相反。

此种功法可试大成拳中的螺旋力、重速力、斜面力、滑车力、定中力等。

意感活动：设想两手如握一磨盘，使之做向左或向右的旋转运动。

图102

图103

三、微垫步

此种步法与第一阶段练习的垫步既有相同之处，又有区别所在，相同的是它们都是以踩垫的方式进退，差异之处是其幅度性与目的性不同。

1.微垫步对两臂两手的要求比较自然，既可使两掌置于身前，又可变掌为拳略向左右拉开。

2.一般垫步是前脚向前进半步，后脚跟半步；而微垫步则是使前脚的进步及后脚跟步幅度甚微，往往只有10厘米左右距离。从外形而观，只是整体的向前或向后的微动。

3.微垫步的目的主要是体认自身的整体性、沉实性和柔和性。训练时，全身放松，每微动一次，都要体察松中有整，整中有稳，稳中有实，实中有柔。

微垫步训练到一定程度后，可进行整体阻力性检验。即让对方在我身上做推进或放人的动作，我通过微垫步的进身，使对方感到我沉重无比，难撼我身，至此，微垫步练习初见成效。

四、槐虫步

两脚呈左式丁八步，两手空握拳状，于身前约40厘米距离，右拳抬起护着下颏部位（图104）；然后，左脚向前上半步，右脚跟半步；当右脚落地后，左脚再向前垫半步；左脚落地后，右脚由后向内再向右前方弧形迈一大步，随之左脚紧跟半步，成右丁八步；与此同时，我左拳回收下颏前，右拳向前弧形运动，与自身40厘米距离（图105、图106）；当右脚再向前垫半步时，左脚由后向内再向左前方弧形迈一大步，随之右脚紧跟半步，成左丁八步；与此同时，左拳向前弧形运动，与自身40厘米距离，右拳回收至颏前（图107、图108），双脚如此反复练习。后退的槐虫步与此动作相反。

此步法主要用于技击，实作时步法极为迅速，忽然而至敌前，使人防不胜防。

意感活动：练习槐虫步时，若动作较慢，两脚如系一橡皮筋，体会橡皮筋的牵连作用；若动作较快，则似雪地行舟，疾速向前滑行。

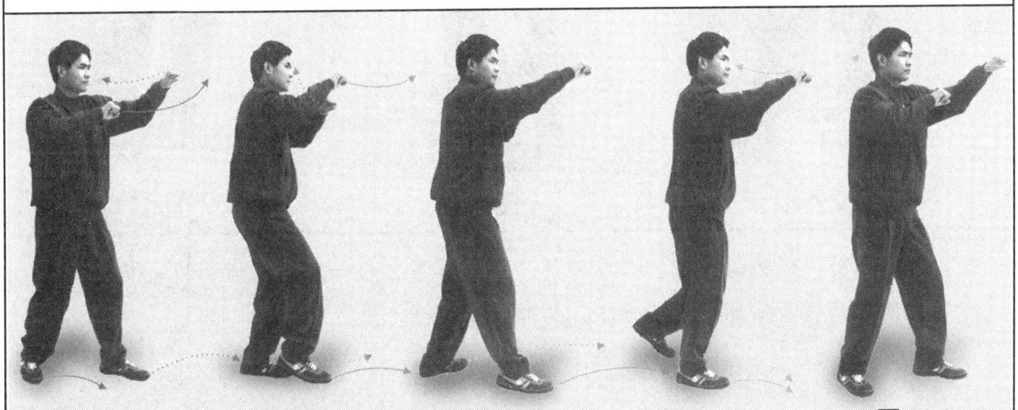

图104　图105　图106　图107　图108

五、跨步

下肢呈左丁八步，左掌置于体侧约半尺距离，掌心斜向后下方，五指斜向前下方，右掌置于头部右前方约一尺距离，掌心斜向前下方，五指斜向前上方（图109）；左脚抬起后即刻落下，此时身体重心移至左腿，右脚向前迈一大步成右丁八步；与此同时，左掌向上向前抬起，置于头部左前方约30厘米，掌心斜向前下方，五指斜向前上方，右掌向前向下落至体侧约15厘米距离，掌心斜向后下方，五指斜向前下方，上身稍前移，并将身体重心变换至右腿（图110）；左腿提起后，再即刻落下，然后右脚向后退一大步，成左丁八步；与此同时，左掌向前向下落至体侧约15厘米距离，掌心斜向后下方，五指斜向前下方，右掌向上向前抬起，置于头部前方约30厘米距离，掌心斜向前下方，五指斜向前上方（图111）。也可做类似的右式练习。

跨步是搏击中的实用步法之一，应用跨步时，我忽而跃至敌前，给予重击，忽而距敌于丈外，使其难料我行踪，而处于被动挨打局面。

图109

图110

图111

意感活动：训练跨步时，全身松灵又力度浑厚，犹如巨风卷树，拔地而起，又似游龙横空，拨云扫雾，我之神情，大有气吞山河之势。

第三节　反放法

当对方欲用发放之法放我时，或欲用不同的招法击我时，反而被我放出，即为反放法。运用反放法的条件是：⑴ 必须要有一定的整劲作后盾；⑵ 必须要有充分的稳固性；⑶ 必须要有一定的身法协调性和灵活性。

一、训练步骤

下肢站成丁八步，两手自然置于体侧，周身保持放松；然后，我躯干部分略向左转体；与此同时，左臂向上抬起，右臂向右向上弧形运动，使两手置于身前约15厘米距离；最后，在我稍向右转体的同时，两掌向上向前做整体发力动作。（图112～图114）

要点：训练时，开始动作可慢一些，并要在慢中求整求稳，此后逐渐加快动作，使之达到动作的协调与迅速。

图112　图113　图114

二、定态反放法

我与对方相对以丁八步站立，对方双掌触及我胸部，以发放之力放我；我感到力锋后，迅速向左转身。同时，我右小臂抬起，向上向左磕挡对方左臂，左腕抬起，由上向左下方磕压对方右臂，至此，可使对方所发之力完全消失；然后，在我向右转体之际，我以右掌或右小臂侧触及对方胸部，左掌配合右掌同时向前发力，将对方放出。（图115～图117）

需要注意的是：我左转的幅度不可过大，而且几乎无时间间隙，否则，局势反而对我不利；我两臂务必起到磕化作用，之后应快速进身至对方中线，并寻求力点所在。

图115　图116　图117

三、动态反放法

所谓动态反放法，即在动步或非常态情况下，对方突然上步以力推我，或以拳以掌向我击来，我用反放法将对方放出。

【示例1】对方快速进步，以双掌向我推来；在对方双掌未能触及我身体之际，我右小臂或右腕抬起，迎截对方左臂，左腕做相应的辅助动作。同时，上身略向左转，以更好的化解来势；然后，我趁对方来势乌有且重心破坏之际，迅速上步，将对方放出。（图118～图120）

图118　　图119　　图120

【示例2】对方以左拳向我击来，我右臂抬起，右腕竖起，右肘下垂，以右小臂内侧滚化对方左臂，左掌护住中线；然后即可按示例一中的类似方法将对方放出。（图121～图123）

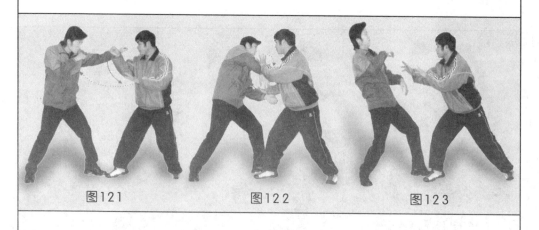

图121　　图122　　图123

需要说明的是：上述反放法主要适宜拳友之间交流应用。若以技击而言，我在化解对方来势之时，不必以反放法放之，可直接用相应的单操手技法击之。推手既有接触性试力的作用，又有力量的应用训练，其目的在于制人而不制于人。推手分单推手、双推手，刚开始学习时可先进行单人空练，然后再进行双人对练。

第四节　单推手

一、单推手空练

1.定步练法

此种练法，实际上是将矛盾桩与钩锉试力进行有机结合的训练。对于运行中的左臂或右臂而言，推之为试力，回之为桩功，所不同的仅是手型与腕部的变化。下面以左式为例介绍其具体练法。

下肢站成左丁八步，左臂成矛盾桩的环抱状，左手空握拳，与肩同高，与自身成约40厘米距离，右手置于右腹前，掌心向下，与自身约15厘米距离（图124）；然后，意想有人推我左腕，而我随之推动的力量，使左小臂缓缓回收，待左腕回收至身前约20厘米距离时，再使手腕内旋，拳眼斜向右后方，拳心向下（图125）；此动不停，在我意想推人手臂的前提下，左腕缓缓前推（图126），当左臂快要伸直时，再使左腕外旋，并稍向后拉，使之变矛盾桩的环抱状，如此反复进行。在整

图124　图125　图126

个过程中，右手可配合身体的运动而做适当的辅助动作。

2.动步练法

下肢站成右丁八步（以右式为例），当右手腕回收之时，上身右转，左脚向左旁侧横跨半步，右脚提起，脚掌向外转动，脚尖着地，使之另成一个右丁八步，然后将右手推出。

此动作重复练习下去，即为圆形的步法运动。若当右手腕回收之时，上身左转，左脚向右收步，右脚提起，脚掌向内转动，脚尖着地，使之另外成一个右丁八步，然后，将右手推出，此动作重复练习下去，则为逆时针的圆形步法运动。

左式练法，不论顺时针或逆时针的圆形步法之练习，均与上述动作相同，方向相反。

二、单推手双练

1.定步双练

我右臂呈矛盾桩式，只是将手变空握拳状，左手置于体侧，对方右臂呈钩锉试力状，同样亦将手变空握拳状，并以腕部内侧搭扣于我右小臂外侧，左手置于体侧；对方向我中线部位推进，当推至我胸前约20～25厘米距离时，我再使右臂内旋，而对方则右臂外旋，呈矛盾桩式，我以腕部内侧搭扣于对方小臂外侧，向对方中线部位推进，如此循环练习。（图127～图130）

2.动步双练

在动步空练的基础上，我与对方搭手进行顺时针的动步单推练习，或进行逆时针的单推练习。

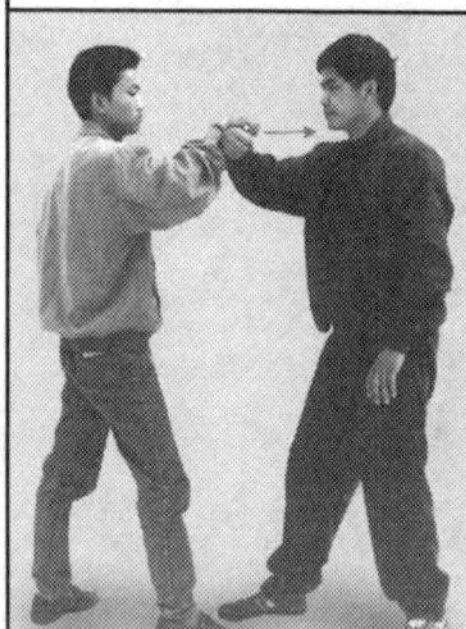
图127

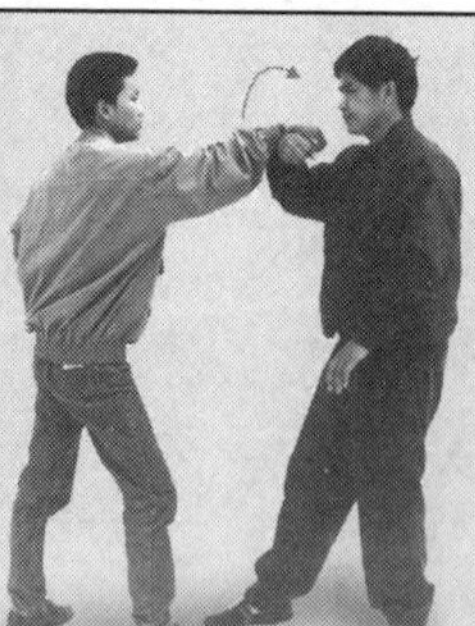
图128

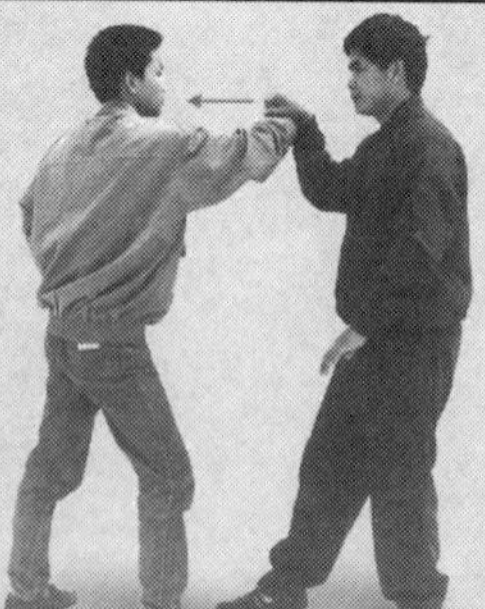
图129

图130

三、单推手的控制

所谓控制，就是通过牵制对方肢体的某些部位，使对方失去平衡，为发放对方创造有利条件。下面以右式为例介绍单推手的控制法。

1.控制上肢

对方向我中线推进，我右臂处于撑抱之势，在我右腕内旋之际，左小臂上抬触及对方右臂；然后，左腕由下向上逆时针转动，并扣压对方右肘，与此同时，右手拧拉对方右腕，使对方右腕右肘被擒而失去重心；此时，我双掌突然向前发力，将对方放出。（图131～图133）

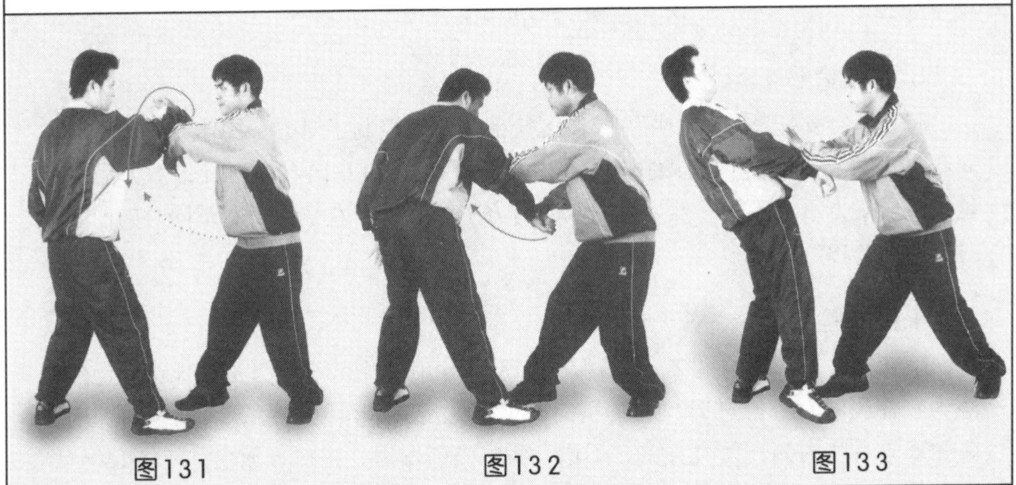
图131　图132　图133

2.控制躯干

躯干是人体重心所在，控制了躯干部位，即控制了人体重心。操作方法为：我向对方推进时，出左掌触及对方身体右侧，并以此为力点，向右轻带对方，使对方受力而向右失重；然后，我左掌配合右掌向前发力，将对方放出。（图134～图136）

图134　图135　图136

3.控制胯部

胯部具有支配整体的作用，控制了胯部，也就控制了对方。操作方法为：对方向我推进时，我右腕内旋做扣压之势，同时，左掌由左向右弧形旋带对方后胯部位，造成对方重心不稳；然后我右掌向对方中线触动，左掌配合右掌同时向前发放对方。（图137～图139）

4.控制膝部

膝部为人体下肢的主宰，如果膝关节受到牵制，则势必处于被动地位。操作方法为：在我向对方推进时，右脚稍向前上迈，待右脚落地之际，突然以右膝向左磕扣对方右膝内侧，使对方重心不稳，我再向前发力，将对方放出。（图140～图142）

图137　图138　图139

图140　图141　图142

5.控制两足

足为人体之根，失之根本，必处劣势。在我向对方推进之时，迅速以我右脚前掌内侧勾踢对方右脚内侧，趁对方不稳之际，再以右脚反向弹踢对方左脚内侧，迫使对方再次失重，待我右脚落地之时，突然向对方发力，将对方放出。（图143～图145）

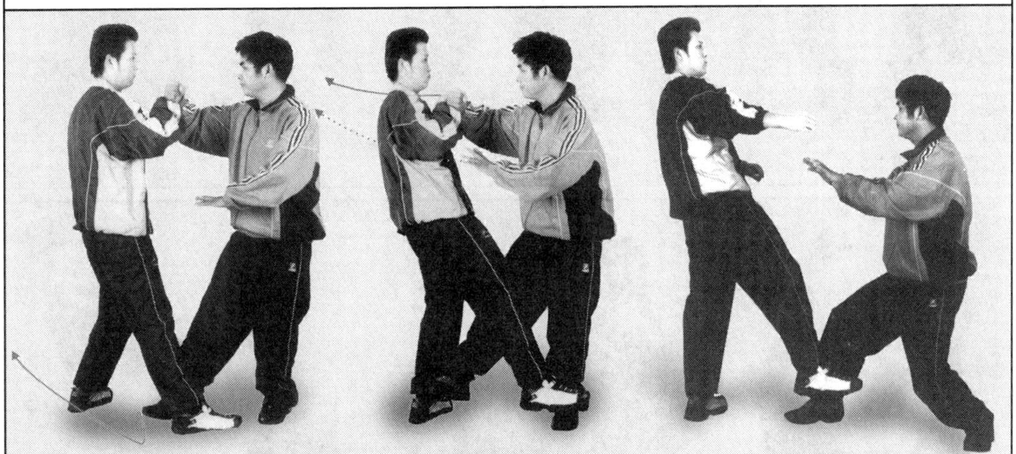

图143　图144　图145

四、单推手的反控制

当对方用不同的方法控制我身体某部位时，我发现其动向后，即顺其来势，化解并利用此力，进而达到反控制，以变被动为主动。

1.上肢反控制

当对方用控制上肢之法作用我时，我上身略向右转，并使右臂顺应对方拿肘之势，使之内旋，以此化解对方擒拿之力；然后，以我右小臂外侧作为触点，同时左掌配合右臂向前发力，将对方放出。（图146～图148）

2.躯干反控制

当我感到对方用控制躯干之法作用我身体右侧时，我迅速随之向左转体，在我消除对方拨动之力时，即向对方进身，将对方放出。（图149～图151）

图146 图147 图148

图149 图150 图151

3.胯部反控制

在我与对方推手时，若对方欲拨动我胯部进行控制，我迅速使右胯向左旋摆。与此同时，左腕接对方右腕，左掌则向对方中线进身，然后我向前发力，将对方放出。（图152～图154）

4.膝部反控制

当我感到对方欲用控制膝部之法作用于我时，我迅速使右膝关节做逆时针的弧形运动，以此抵消对方的右膝之力。然后我右脚略向前垫步，踏其中线，用整体之力将对方放出。（图155～图157）

图152　图153　图154

图155　图156　图157

5.足部反控制

在我与对方推手过程中，对方若提右脚勾踢我右脚，我迅速使前脚掌在摩擦地面的前提下做逆时针的圆弧运动，待我右脚在对中线部位定步后，身体重心略降低，两掌同时向前发力，将对方放出。（图158～图160）

图158　图159　图160

第五节　双推手

一、双推手空练

1.定步练法

下肢站成左丁八步或右丁八步，两臂抬起于身前，两手空握拳，与肩同高，与肩同宽，与自身约30厘米距离，两拳心相对。（图161）

上身稍向右转，左臂左拳向右向下方再向左做半圆动作，使左拳置于腹前约15厘米距离，右臂右拳向右向下再向左上方做半圆动作，使右拳置于右肩前约一尺距离。（图162）

动作不停，再使上身稍向左转，同时左臂左拳向右再向上做半圆动作，使左拳置于左肩前约30厘米距离，右臂右拳向左向下做半圆动作，使右拳置于腹前约15厘米距离。（图163）

图161 图162 图163

如此练习循环不断，使左拳在身前做顺时针的圆形运动，右拳在身前做逆时针的圆形运动。在做此练习时，要以腰为轴，以肩胯为动力，带动两臂两腕两手运动，两腕如蛇缠物，连绵不断。

2.动步练法

（1）配合三角步练习：走一个三角步，两臂在身前划半圈。

（2）配合垫步练习：走一个前进垫步，两臂在身前划半圈；也可以走一个后退垫步，两臂在身前划半圈。

（3）配合熊形步练习：走一个前进的熊形步，两臂在身前划半圈；也可以走一个后退的熊形步，两臂在身前划半圈。

（4）配合前进的三角步练习：以左脚在前为例，走一个三角步，两臂在身前划半圈，当右脚向前迈一大步、左脚跟上成左丁八步时，再使两臂在身前划一个半圈；也可做类似的后退三角步练习。

二、双推手双练

1.定步双练

两臂置于体前，两手呈空握拳状，两腕相对，左腕外侧置于对方右腕内侧为接，右腕内侧置于对方左腕外侧为搭；然后，左臂向右做顺时针圆形运动，右臂向左做逆时针的圆形运动，如此循环练习。（图164～图167）

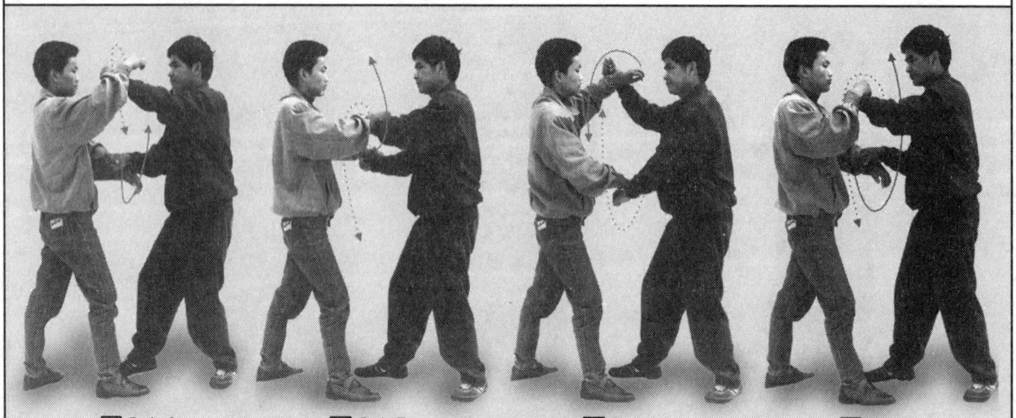

图164 图165 图166 图167

在我与对方两臂相交，并做圆形运动的过程中，要尽量向对方中线挤进，同时，又要保护好自己的中线部位。

2.动步练习

（1）配合三角步练习。

（2）配合垫步练习：我进一步对方退一步，或我退一步对方进一步。

（3）配合熊形步练习：我走前进的熊形步，对方走后退的熊形步，两臂搭接于对方做打轮动作。

（4）配合鸡形步练习：我走前进的鸡形步，对方走后退的鸡形步，两臂搭接于对方做打轮动作。

三、双推手的应用

双推手的内容非常丰富，初习时可先练习几种最常用常见的发放之法。

1.圈打弹放

推手时，我分别以左拳、右拳圈打对方头部右、左两侧，然后两手变掌向下运动，掌心向前，贴于对方胸部，同时右脚上半步，左脚跟半步，全身力向前抖，将敌弹出。（图168～图171）

要点：周身要灵活，肌肉要放松，圈打和抖放要连贯如一。

2.拿肘斜放

在推手过程中，我左手腕外侧扣压对方右手腕内侧，稍向左转身，迅速以右掌拍拿对方左肘，造成对方肘部疼痛而失去重心；然后，身稍向右转，右脚向右前方迈半步，左脚跟半步，我右臂以斜向发力之势，将对方摔出。（图172 ~ 图174）

要点：拿打对方时，扣压与拍拿的力点方向正好相反；右手拍拿时，要谨防对方左手向我滑进。

图168

图169

图170

图171

图172

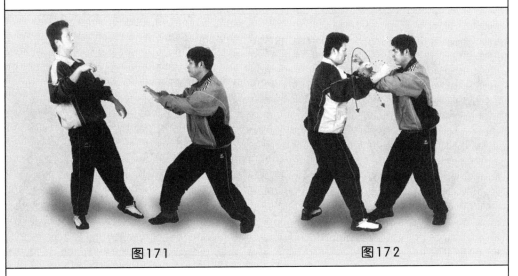

图173　　图174

3.栽打抽放

在推手过程中，我身体稍向左转，右拳由上向前下方栽打对方胸部，然后突然右转身以右肘或右小臂外侧向右前方发力，同时右脚上半步，左脚跟半步将对方放出。（图175～图177）

要点：栽打时，务必要振动对方内脏，抽放要及时。

图175　　图176　　图177

4.穿打肘放

在推手过程中，我突然双臂外旋，手心向上，手呈爪形或空握拳状，双手分别穿打对方脸部，趁对方后仰或失控之机，将右小臂竖起，以肘部至小臂部位触及对方胸部，左手按压对方肩部；然后向前进半步，左脚跟半步，整体发力，将敌放倒或摔倒。（图178～图180）

要点：穿打要准要狠；我右小臂竖起时，要使拳背遮住对方视线。

图178　图179　图180

5.撞打提放

当我右臂处于对方左臂外侧，左臂处于对方右臂内侧时，我可将右臂缠绕至对方左臂内侧，两臂向外分开对方两臂，两腿略有弯曲，身向前倾，用头部撞击对方胸部；然后迅速将两手内合至对方腹部，在右脚向前进半步、左脚跟半步的同时，两腿稍为直起，以周身惰性之力将对方提放扔出。（图181～图183）

要点：用头部撞击对方胸部时，要首先控制对方两臂；向前进步和两腿直起动作要协调一致。

6.勾打推放

在推手过程中，我右脚上半步置对方右脚跟内侧，勾拉对方右脚，然后迅速以右脚掌弹踢对方左小腿，在左脚跟半步的同时，我上肢松肩垂肘，掌心斜向前，以整体之力将对方放出。（图184～图186）

要点：在勾拉和弹踢时，周身要松沉，胯部要灵活，以胯部带动下肢完成勾踢动作；前脚落地后，后脚要及时跟上。

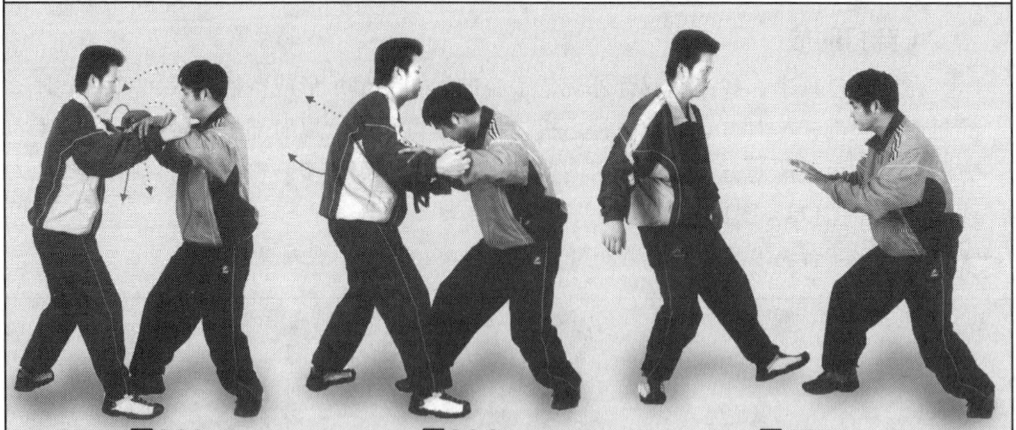
图181　图182　图183

图184　图185　图186

7.劈打崩放

当我左臂在内侧，右臂在外侧时，先以左掌劈打对方脸部，再以右掌劈打对方脸部，待右手劈落至对方胸部时，突然变掌为拳，同时右脚进半步，左脚跟半步，以崩拳之势将对方放倒。（图187～图189）

要点：在劈打过程中，对方必然有后仰或后退之势，我崩放之时，要不误时机，迅速进身，以身催臂，以臂催掌，将对方放出。

图187　图188　图189

8.旋打削放

当我右手腕处于对方左手腕内侧时，内旋右手臂，使手心向下，身体左转，以右掌旋打对方耳根或颈部，待右掌旋打至左肩前方时，突然右转身，两掌心斜向右前方，右脚向前进半步，左脚跟半步，以前掌之势将对方斜向摔出。（图190～图192）

要点：不论旋打或削放，均要以肩胯为轴；旋打或削放之间要圆活。

图190　图191　图192

第六节 裹铁力及其实作应用

一、裹铁力

在第一阶段练习中，已经学习了力量的诱导训练，此种训练是以甩臂动作为前提的，甩臂时周身放松，两臂会产生自然的沉重如灌铅的感觉。为了使之深入发展，并能直接的应用于实作，就必须使它转化为裹铁力。

1.双臂练习

先按正常的速率与幅度进行甩臂，并逐渐使之加速运动，当有整体松沉效果后，骤然在身前极限加速。此时，整体沉重，两臂如棉里裹铁，这种力若作用在人体上，会有很强的穿透性，所以又可称此力为穿透力。

要点：为了加强此力的效果，两臂在向极限变速的瞬间，两足可做前后蹬踩动作，以增加地面的摩擦作用和对自身的反向作用。

对于初习者，开始很难把速度做出来，遇到这种情况后，可先把甩臂的辅助动作停下，放松身心，大脑里可想象一下迅雷及闪电之情景，当此种感受在大脑中留下痕迹后，然后再体认一下在甩臂的裹铁动作中，是否能做到似雷快、若电疾，如果有了神形兼备的感受后，可再继续做有形的快甩练习。

在甩臂的动作中有了裹铁感觉后，可进行非甩臂状况下的随意训练：将两手置于体侧，然后两臂突然向上向前做闪电般的抛出动作，使之具有骤然的收缩沉重感。

2.单臂单拳练习

当两臂具有一定的穿透力效果后，可进行单臂单拳的练习，此法与双臂的练习法基本相同，不同的是：两掌变拳，左拳护住下颏，右臂右拳可先做甩臂动作，并在甩臂过程突然加速把右拳抛出（图193、图194）。也可在右臂右拳在静止的状况下，骤然使右拳向前上方抛出。以上是右式练法，左式练法与此相同，只是方向相反。

3.检验练习

为了知道训练效果，还要进行检验练习：让一人戴上护胸或在胸前置一拳靶，我在对方身上做裹铁体验：在甩臂的动作中迅速向对方胸前做撞击动作；我两掌置于自身体侧，然后骤然向前上方撞击对方。（图195 ~ 图198）

需要说明的是：此种训练的目的不在于发放效果，而是重在穿透效果，在有保护的前提下，如使对方的胸部仍有较强的振痛感，即可说明穿透力已初见成效。

如果把裹铁力的形体动作略作调整，即可衍生出应用实作的单操手动作，如崩拳、钻拳、裹铁炮拳等。

图193　图194　图195

图196　图197　图198

二、崩拳

1.崩拳的单式练习

下肢呈右丁八步，左拳护住下颏，右拳在体侧向前以穿透力之势击出至身前位置，然后右拳收回至体侧，如此再击出第二个崩拳。

右式熟练后，再进行左式的练习，当左右单式练法掌握后，还要进行左右的交替练习：左拳护住下颏，右拳以崩拳击出，然后，右拳回收护住下颏，左拳稍做下落后，再以崩拳击出（图199～图202）。

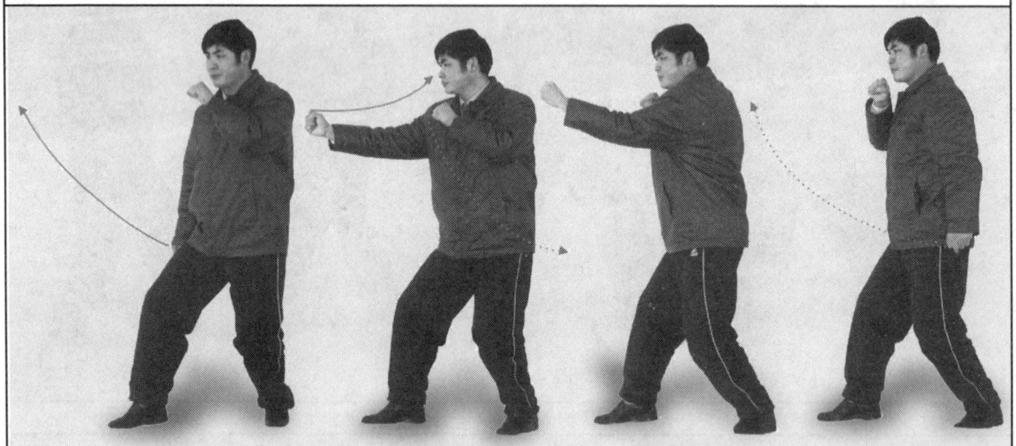

图199　图200　图201　图202

2.崩拳的配合步法练习

在身前3米左右的位置选一目标，我迅速以踩步之势至目标位置，并以崩拳向前击出；或者在右崩拳击出后，再以左崩拳向前击出。

3.崩拳的实作应用

（1）我与对方相持，或突然抢步上前，左拳向前略做虚晃之势，待对方注意力分散之时，右拳向前崩打对方腹部。（图203、图204）

（2）对方用右直拳向我击来，我稍向左闪身，与此同时，我左拳由上向下击挂对方右臂，右拳以崩拳之势击打对方肝肋部位。（图205～图207）

（3）对方用左直拳向我击来，我稍向右闪身，左小臂抬起，并向左向下磕挡对方左臂，同时上身略向左转，右拳向前崩打对方左肋部位。（图208～图210）

图203

图204

图205

图206

图207

图208

图209

图210

三、钻 拳

1.钻拳训练

（以右式为例）左拳置于颏下，拳心略向下，右拳置于体侧，拳心向内；然后，右拳边外旋边向前上方击出，高度略低于头，拳心向上；在击右钻拳时，腰胯要有向左拧转之势，右臂右拳要含充分的穿透力；右拳击出后，右臂边内旋边落至体侧，然后，再击出第二个钻拳，如此反复练习。（图211、图212）

左式练法与右式相同，只是方向相反。单式熟练后，再进行左右交替的连环钻拳练习。

2.钻拳实作应用

（1）对方右拳击我，我稍向右闪身，左臂挂砸对方右臂，右钻拳击打对方咽喉部位，待对方后闪身之时，再以左钻拳击打对方面部。（图213～图215）

（2）对方以右勾拳由下至上向我击来，我迅速使左臂竖起，以左小臂外侧为触点，并向左堵截对方右腕部位，与此同时，右拳以钻拳之势猛击对方下颏部位。（图216～图218）

（3）当对方用左直拳向我击来时，我稍向右闪身，同时左臂外侧向左堵挂对方左臂，在我闪身略向左转之际，右拳以钻拳之势打击对方左腋部位。（图219～图221）

图211

图212

图213

图214

图215

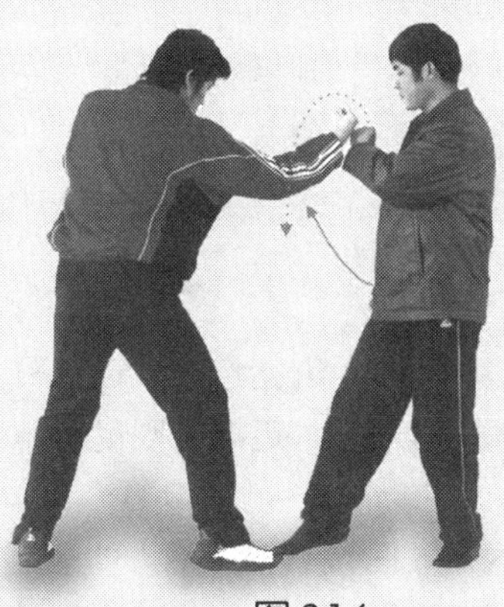
图216

图217

图218

图219

图220

图221

四、裹铁炮拳

在第一阶段练习中，我们已学习了炮拳，在此，我们要把穿透力的内涵融合到炮拳的单操手中，使之发挥更好的效果。

1.裹铁炮拳训练

以右式为例下肢为右丁八步，左拳呈防卫之势，右拳为出击状态，整体放松，右拳先自然向前弹出，然后使之迅速回收至下颏部位，与此同时，左拳快速向前击出。此后，再使两拳保持右式的格斗状态，并以此做第二个右弹左击的动作，如此反复循环练习。

当单弹出击训练熟练后，还可进行多弹出击训练。方法为：在格斗式的前提下，右拳连续弹出2～3次，然后再回收，并同时击左拳。

还可进行两拳的交替练习，方法为：当我弹右拳、击左拳后，则呈右拳防守、左拳格斗之势，此时，立即使左拳做弹出动作，待左拳回收之际，再使右拳向前击出，如此再做弹右拳、击左拳的动作。

2.裹铁炮拳的检验

让一拳友站我身前，并以双掌或拳靶护住自己的胸部，我右手五指弯曲，以掌根部位为力点，迅速向对方护胸的部位弹击，若能将对方弹出3米左右距离，则说明裹铁炮拳已具有了较强的穿透效果。（图222、图223）

图222

图223

3.配合步法训练

让一拳友站在我身前3米左右距离，并将左掌或右掌抬起，高与头部相齐，我迅速以踩步上前，先以右拳弹击对方手掌，再以左式的后重拳击打之。此后，还可让对方的手掌左右摆动，我用弹击的炮拳击之。

4.裹铁炮拳的实作应用

（1）当我与对方相持时，突然抢步上前，踏入对方中线位置，右拳连续不断地弹击对方面部；若对方后撤，我立即向前踩步踏敌中线，以左炮拳再次重击对方面部。（图224～图226）

（2）对方用左摆拳向我击来，我稍向后闪身，同时，立即将右拳向前弹出，以我右小臂内侧或右腕部位为力点，弹截对方左臂，然后左拳以炮拳之势向前击打对方。（图227～图229）

图224　图225　图226

图227　图228　图229

（3）若对方以右直拳向我击来，我稍向右闪身，与此同时以我左小臂外侧相迎，并向左下方弹挂对方右臂，使对方重心不稳，然后，我迅速以右式重炮拳击打对方面部或咽喉部位。（图230～图232）

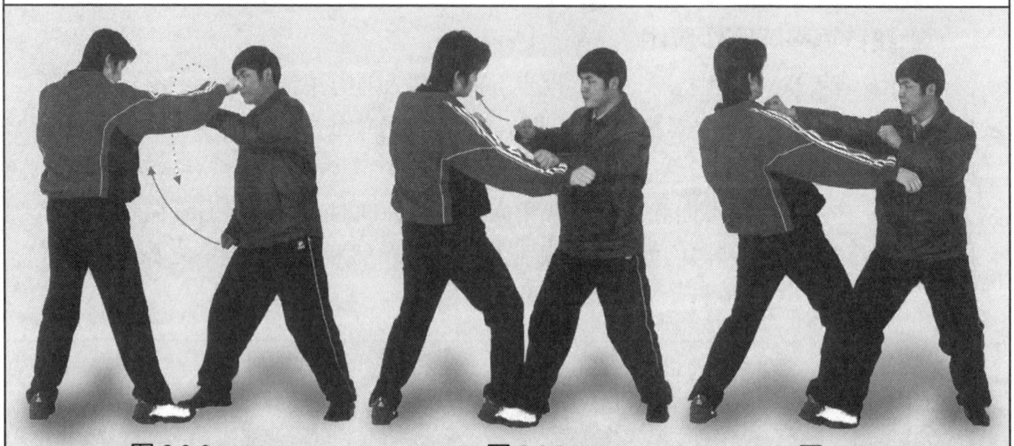
图230 图231 图232

第三章
第三阶段训练

经过前两个阶段训练后，可初步具有一定的自然整劲与穿透力。在此基础上，若进行其他的技击桩法、试力和推手的中级训练，则可达到振奋精神、强化功力、活化身法及产生大成拳的特殊劲力——二争力的效果。

第一节 托婴桩

托婴桩又称托宝贝桩，其桩手位有上托下抱之意，犹如手托婴儿而得名。托婴桩为上手位桩式，如身体选低位，亦属增力桩的一种形式。

以左势为例，下肢在矛盾桩的基础上将左脚稍向外展开即可。上身中正（无后靠之意），两臂抬起，肘略下垂；左手在前，掌心向上，五指斜向右前方，高与颈平；右手在后，手心向上，五指斜向左前方，高与肩平，两手距约30厘米，似托一婴儿。

此桩不但易于诱发大成拳的二争力，对于双推手的实用性也具有重要作用。因为内劲是通过骨节生棱，筋腱拉长而形成的，托婴桩正是对骨骼、肌肉、筋腱、神经训练的有效形式。（图233）

托婴桩劲力意念较强，功法力度较大，学练难度较大。下面我们按桩功练习的几个阶段分述如下。

图233

1. 适应阶段

由于桩架结构发生了改变，使一部分骨骼和肌群产生新的刺激。因此会出现疲惫反应，尤其是两臂会出现不同程度的酸痛感，这是站桩时两臂外拧而产生的现象，实质上也是两臂相关的肌群自然收缩产生的效应。就下肢而言，两大腿及胯臀部位继续保持矛盾桩的收缩作用，两小腿会产生更有效的新刺激。

站托婴桩的初期，由于相关肌群的收缩，必然引起耗能反应，体现在肢体上有种种不适。有时站几分钟就会感到难以坚持。经过一段时间后，相关肌群得到了锻炼与调整，身体各部在保持现有空间结构的基础上，既能使相关肌群进行适度的收缩，又能使之相对放松，新一轮的耗能状态重新转化为新储能状态。此时，肢体会出现新的舒适感觉，内劲发生回升与增强，两臂会出现明显的沉重与胀大感，两手会产生较强的热、麻与增厚感。一次站桩能保持在30分钟而不产生疲惫感，就完成了此桩的适应阶段。

2. 稳固性锻炼

推手和实作中如能保持自身平衡是非常重要的，而整体的稳固性则是主要的衡量标准。只有自身具备较强的整体稳固性，才能不被对方放出或击出，同时，又可给对方以很大的反作用力，使对方由主动变被动。除此之外，当自身具有较强的稳固性后，也表明了周身的内劲效应有了相应的基础条件。如果连自己都站不稳，又何谈放出或击倒对手。因此，当适应了托婴桩后，有必要进行稳固性锻炼。其方法为：

（1）比拟活动

在保持托婴桩的放松状态后，大脑处于相对的入静。根据心理效应，这时给大脑以较弱的信号刺激，可使肢体产生较强的应答反应。此刻站桩的比拟活动，应把自身想象为一棵大树，盘根错节，非常稳固，若有巨风刮来，树东倒西歪，我却岿然不动。

（2）相争活动

意感身体微微起落（不必有形），每当下落时，两足两腿有如生根之感，且有前后分争之意，同时裆部微开，两腿肌肉要有上提下坠、内裹外撑的争力作用。两臂有下垂之感，同时两肘又有外开内合的相争之意。这一次下落意感完成后，即可松弛一下全身。休息片刻后，再进行第二次下落意感训练。

（3）牵挂作用

意感十指指端与树干之间有橡皮筋的牵挂作用。每做一次，两手十指也要有微微的收缩动作。如此锻炼可有效地增强十指与腕关节的力量，同时还可刺激上肢与躯干相关的肌力的产生。经过牵挂作用训练，手部可有热流感、麻胀感，手心可有跳动感，此即为肌电的变化作用。此种变化除有效地激活手与腕的力量外，还可使身体其他肌群与筋腱发生有效通连和延伸作用。

（4）推拉作用

意感两手十指插入树干，两臂带动两手将大树推出，然后再将大树拉回原处。做此练习时，两手、两臂要配合做微微地收缩运动。

具体训练过程为：使上肢及至整体保持充分地放松，躯干驱动上肢犹如推树般一收一缩；然后在躯干的引动下，上肢又似拉树般一收一缩。如此进行放松、推树、拉树的循环训练。在进行推拉训练时，两臂可产生明显粗胀感。

3. 精神气质训练

当肌体经过相当的修炼后，即可进行精神的修炼，由此可具包容天地、气吞山河的气概。遇敌自怯必败无疑，遇敌气壮未战已胜三分。经过前述假借活动，基本具有了振奋精神的效果，若再进行应敌与凝视的假借活动，必然会有更大收获。

所谓应敌假借活动，即设想自身前方有一亮度适宜的灯光，我以双目凝视之。时间可由短至长，在凝视过程中，双手不断吸收光亮，久之可使目光与灯光形成一道光束。

第二节　蛇缠手试力

蛇缠手是重要的基础试力之一，也是与托婴桩同步训练的必备功法。通过蛇缠手的训练，可使由托婴桩获得的肌肉实效果与通联效果得以增强与协调，同时，蛇缠手的动作也具有很强的技击作用。

1. 定步练习

右脚在前，呈丁八步，两手抬起，与肩同高，右手与右脚相齐，掌心向上，左手距胸部约一尺，掌心向下；然后上身右转，左掌配合右掌向右后方缠绕，当右掌与右肩接近平行时，翻掌使掌心向下，两掌再缓缓向前推出，待推至两臂快要伸直时，右臂外旋，使掌心向上，再向右后方缠绕，如此往复不断。此为蛇缠手试力的右式练法。左式练法与右式相同，惟方向相反。（图234～图236）

图234　　图235　　图236

2. 动步练法

待我两手向右后方缠绕时，将身体重心移至右腿，左脚抬起，向左前方迈一大步，呈左丁八步；当右掌缠绕至右肩接近平行时，翻掌使掌心向下，并同时使左掌略前于右掌（图237、图238）；然后两掌由身前推出，待推至两臂快要伸直时，左腕翻掌使掌心向下，再使两手向左后方缠绕（图239、图240）；同时，将身体重心移至左腿，右脚抬起，向右前方迈一大步，呈右丁八步；当左掌缠绕至左肩接近平行时，翻掌使掌心向下，并同时使右掌略前于左掌，然后，两掌由身前推出，待推至两臂快要伸直时，重复上述动作，连绵不断，缓缓前行。

图237　　图238　　图239　　图240

3. 蛇缠手试力的意念活动

（1）意想我上身乃至两臂，两手腕部如蛇缠物，松紧适宜，使之产生螺旋力。

（2）设想我正面有一片竹林，我两手前推至竹林中，然后，两臂至两手随着缠绕做横扫动作，我臂所移之处，竹林随之倾伏，以此体会竹干的韧性和弹性作用，以及我对竹干的压力和竹干对我臂的反作用力。

4. 蛇缠手的实作应用

（1）缠右臂钻打

当对方用右直拳向我胸窝部位击来时，我稍向左闪身，然后身向右转，以我右手腕外侧部位缠接其右小臂，并向右后方挂带，趁对方重心不稳前伏之际，迅速将右掌变拳向前钻打其面部或颈部。（图241～图243）

图241　　图242　　图243

（2）缠左臂撞打

当对方左直拳向我面部击来时，我迅速以右小臂外侧由内向外、向右磕挡；然后右手腕向外翻转，掌心向上，以腕关节部位继续向右后方缠挂其左臂内侧；继之，我左脚向前迈一大步成左丁八步，同时右手腕翻转使掌心向前，并猛力撞击对方面部，左掌向前撞击其胸部。（图244～246）

（3）缠后颈削打

当对方用右拳由上往下向我砸来时，我稍向后闪身，在避其拳锋之后，迅速使左脚向左前方迈一大步成左丁八步，右脚随之向前迈步于对方右脚内侧，绕对方于身后；然后，上身右转，下肢变成右丁八步，以右手腕外侧向右后方缠挂其后颈部位，同时左手掌心向下，并向右削砍其后腰部位。（图247～图249）

图244

图245

图246

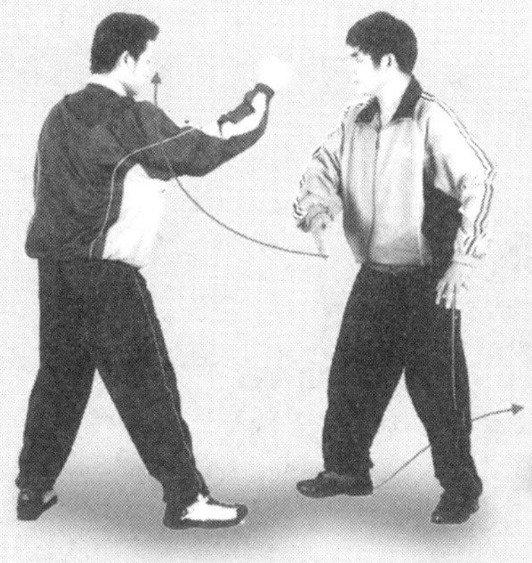

图247

图248

图249

（4）缠腿崩打

当对方以右侧踹腿向我踢来时，我稍向左闪身，并同时降低身体重心；继之，上身右转，以右小臂外侧触及其小腿部位，左手掌心触及其大腿部位，使两手通过周身的螺旋之力，同时向右后方缠挂；然后，突然向内翻转右掌，并变掌为拳，迅速以后崩拳之势击对方肝肋部位。（图250～图252）

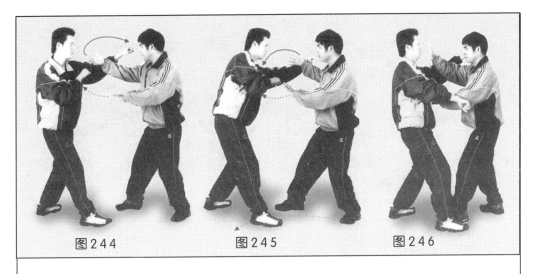

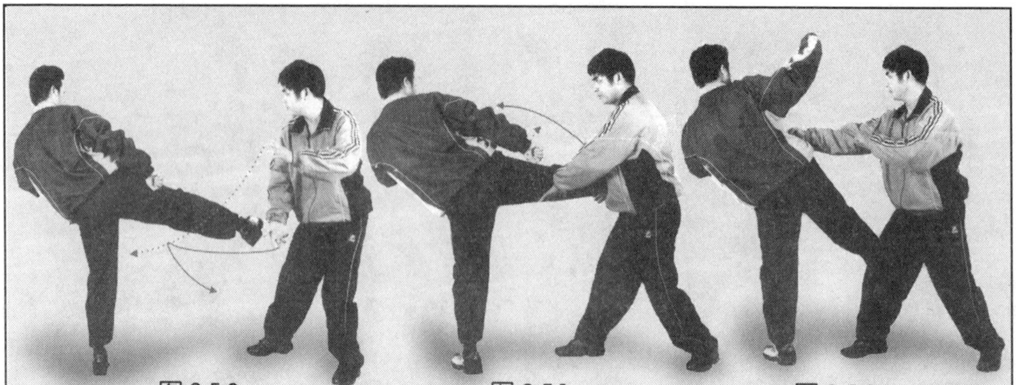

图250　图251　图252

（5）缠臂绊打

当对方以右直拳向我头部击来时，我左脚稍向左横跨半步，以避其拳锋；然后上身迅速右转，以我右手腕外侧向右后方缠挂其右臂；对方若向后挣扎，我即上右脚置其右腿后方，使两手掌心斜向前上方，并向前撞击对方胸部，使其摔倒。（图253～图255）

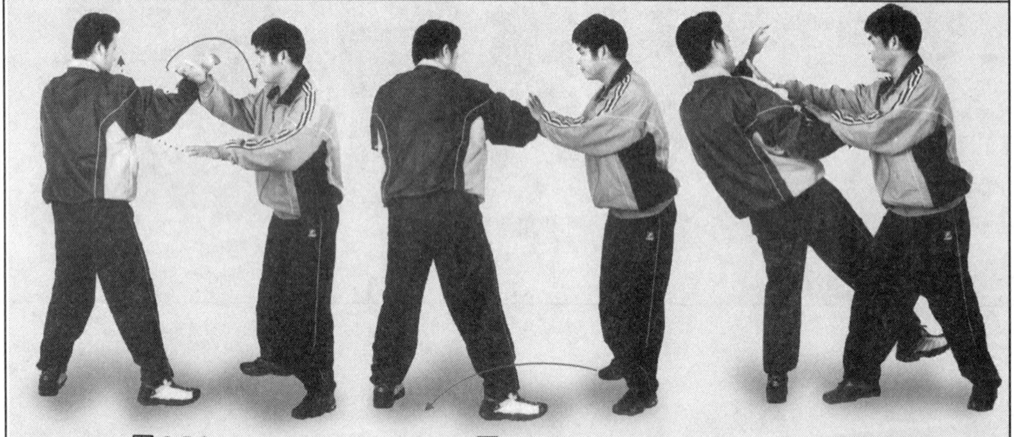

图253　图254　图255

（6）缠肘劈打

当对方用右手抓住我左胸部位时，我用右手按住敌手背，并同时含胸屈身，以拿其腕部；待其松手后，迅速用右手抓握其右手，左手扣按敌左肘部位；然后右手腕边外旋边折拿敌右手腕，左手与之配合同时向右后方缠拿，对方必因上肢关节受限而前伏，此时，我右手突然迎面劈其面部。（图256～图258）

图256　图257　图258

（7）缠颈插面

当对方用右拳向我胸部击来时，我迅速以左掌由上往下拍按其右臂；然后上身右转，使右手掌心向外，抓掐其颈部右侧，并用力向右后方缠拿；待对方向后挣扎之际，我突然向左回转，并使右手腕内旋，掌心向上，五指向前插其面部，左掌则猛力击其肝肋部位。（图259～图261）

图259　图260　图261

（8）缠臂肘打

当对方用左掌向我击来时，我迅速将双臂迎出，以右小臂向外磕拨其左小臂，然后右手腕内旋抓其左手腕关节部位，左手抓其上臂；继之，上身右转，我两臂至两腕部位同时向右后方缠拿对方左臂，趁其左臂受制前伏或向后挣扎之际，我突然向左回转上身，以右肘尖向前平扫对方颈部。（图262～图264）

图262　图263　图264

（9）缠臂栽打

当对方用左手掌或左拳向我击来时，我左臂迎之，右掌由其左腕外侧向内穿出，两臂向右后方缠其右臂，然后右拳以高栽拳之势截打对方面部。（图265～图267）

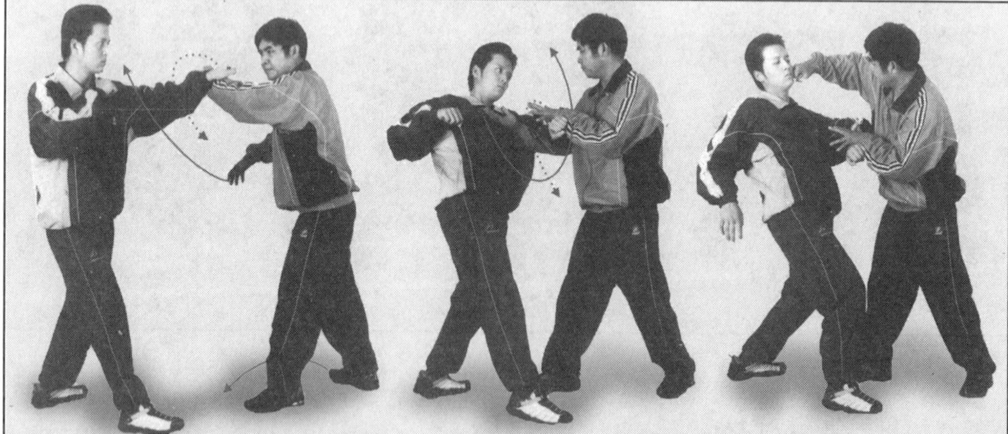

图265　图266　图267

（10）缠头炮打

当对方用左掌向我劈来或用左拳向我砸来时，我迅速使右脚向右前方迈半步，左脚紧随半步，绕其左侧，在我向左转身的同时，左手由敌左臂上方穿出托拿其下颏，右手抓按其头发，然后两手向右后方缠拿其头颈部位，迫其上身后仰，我再突然使两手变拳，右拳以炮拳之势击对方左侧耳根部位，左拳击其心窝部位。（图268～图270）

图268　图269　图270

第三节　二争力

经过一定时日的托婴桩与蛇缠手的训练后，可在两臂、胸部、背部会先后出现紧实之感，此时可进行二争力训练。所谓二争力，就是在极短的时间差内做出相反的双向力。如前后二争力、左右二争力、上下二争力。在此主要介绍前后二争力，其他二争力可参照练习。

1. 二争力效能原理

（1）利用整体的惯性；（2）利用地面的摩擦力；（3）利用反作用力。

2. 二争力的训练

在进行二争力训练时，可先训练局部的肌肉或单侧的肌肉，然后使之发生牵连作用，最后进行整体二争力训练。

（1）腕部弹抖。当两手接触对方或击或放时，须以腕部为力点。具体练法是：先站好托婴桩，再使两臂内旋，掌心斜向对，然后腕部向下做弹抖动作，待腕部稍经放松后，再做第二个弹抖练习。

（2）单侧筋肉拉长收缩训练。以左侧为例，可分4个步骤练习：①以左肘至腕部肌肉做向前的收缩运动；②以左肩至肘部肌肉做向前的收缩运动；③以左胸、背部、腰部为单元向前做冲撞动作；④上身左侧至左腕部位似一通连的橡皮筋，使之做伸缩弹拉运动。依上述方法训练右侧筋肉。

（3）后胯肌肉筋腱向内做裹胯的收缩运动。

（4）意感腰部至两脚之间有一橡皮筋，使两腿、两足向前后做下蹬动作，以训练两腿肌群的收缩性。

（5）意感左手与右足通过身体有一大橡皮筋，使之做向前的收缩伸拉运动；意感右手至右足通过身体有一个大橡皮筋，使之做向前的收缩伸拉运动。

（6）站托婴桩姿势，然后两臂内旋，两掌心斜向对，做两臂先向后再向前的弹抖争力练习；上身至两腕部位做先向后再向前的弹抖争力练习；两胯至腕部做先向后再向前的弹抖争力练习；在此基础上，两腿两足同时做蹬地动作，以增加两足与地面的摩擦力及地面对人体的反作用力，此即整体二争力。（图271～图273）

图271　　图272　　图273

3. 二争力的检验

（1）让对方抓住自己的胳膊，我用二争力挣脱，且同时又能将对方放出，即为成功。（图274～图276）

图274　图275　图276

（2）我抓住对方胳膊或胸部，然后用二争力向右后方抖震对方并将其放出，即为成功。（图277～图279）

图277　图278　图279

4. 二争力的实作应用

（1）在单推手中，我右腕扣压对方右小臂，然后应用二争力将对方放出。（图280～图282）

（2）在双推手中，我应用二争力，以两腕内侧为触点，破坏对方重心，将对方放出。（图283～图285）

（3）对方以双掌扑来，我两臂上迎承接，并以触点挂之，再用二争力将对方击出。（图286～图288）

（4）对方以右拳击来，我稍向右闪身（两臂呈前盾后矛之势），当我左小臂分挡敌右小臂之际，骤然以二争力将敌击出或放出。（图289～图291）

图280

图281

图282

图283

图284

图285

图286　　图287　　图288

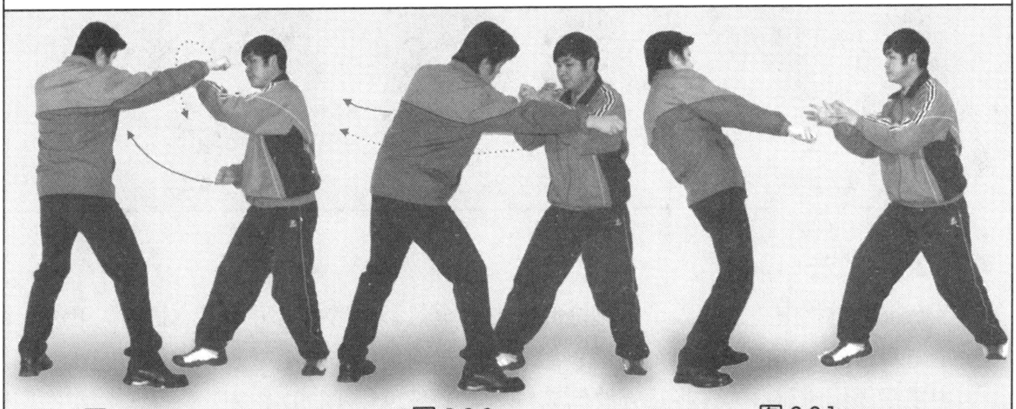
图289　　图290　　图291

第四节　推手中的擒放法

若能将某些特殊技法（如擒法）很好的应用到放法之中，必使对方肢体受牵制而处于被动局面。当对方某部受擒时，或本能挣扎，或重心破坏，必然破绽百出。在此情况下，我可轻而易举地将其放出。此即为推中有擒、擒中有放、擒放结合的推手妙法。

一、基本发放法

1. 接放法

在推手过程中，我突然以左手由下向上向前穿出，以左手腕外侧接住对方右手臂，迅速抽出右手以掌根触及对方胸部，然后以左手腕部的接触点和右掌根部的接

触点向前发力，同时右脚上半步，将对方弹出。（图292～图294）

要点：抽手要快，抽手发力一气呵成。

图292　图293　图294

2. 劈放法

在推手过程中，当我处于撑抱之时，右手突然翻腕劈挂对方小臂，同时，我左手掌由自身左侧向前劈打对方脸部；然后我突然前撞，右脚上半步，左脚跟半步，力由掌根部位向前抖去，将对方放倒或抖出。（图295～图297）

要点：劈、挂速度要快，发放要跟得上、要迅猛。

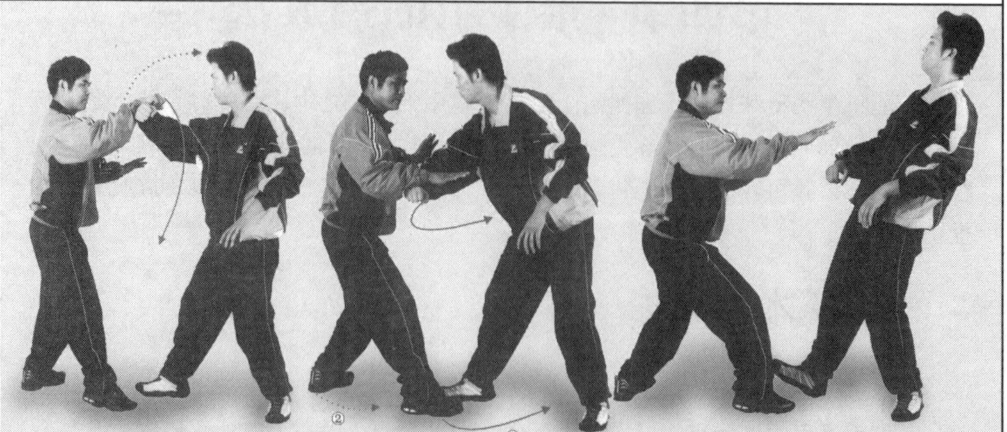

图295　图296　图297

3. 挂放法

我向对方推进时，可用右腕内侧扣压对方右小臂或腕关节部位，随之用力往回钩挂，对方必有向上向后挣脱之势，我趁机以左手按对方左肘，右手向其腕部进击，同时右脚上半步，左脚跟半步，以整体发力将对方放倒或推出。（图298～图300）

要点：勾挂和发放几乎同时进行，中间无有断续。

图298　图299　图300

4 圈放法

推手时，我突然翻右手腕扣压对方右小臂，手呈爪形，以肩胯带动小臂内侧，做逆时针弧形运动，以我圆弧之力破坏对方重心，使其失去平衡；然后迅速以左手左臂辅助右手右臂向前发力，同时右脚上半步，左脚跟半步，将对方摔出。（图301～图303）

图301　图302　图303

要点：我右手腕做弧形圈挂时，一定要使对方失去平衡，并要把握时机及时出击。

二、单推手的擒放法

1. 拿打踢放

当对方向我中线推进时，我使右臂内旋，右腕内翻，并以右手抓拿其右手背，左手由下向上推按其手心部位，两手向后向下猛力折拿其右手；与此同时，右腿抬起，以足尖踢对方裆部；对方腕部受擒及裆部被踢时，必惊慌失措，此时我右足落地后，两手同时向对方胸部发力，将其放出。（图304～图306）

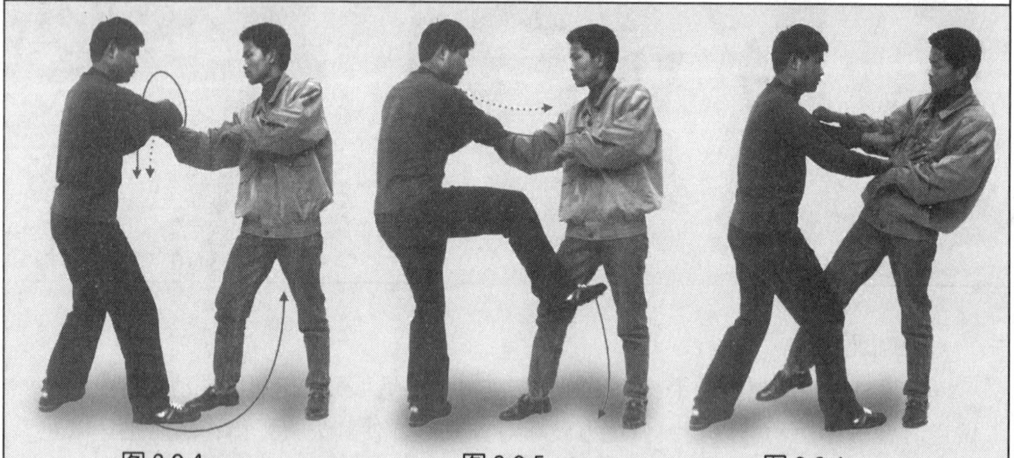

图304　图305　图306

2. 扣肩催放

当我处于撑抱式时，突然翻腕，以右手抓握对方右手腕，并向外旋拧、提拉其右臂，左手向下扣按其肩部；对方右臂被拧拉与扣按后，势必向后转身，上身前伏，此时，我右手突然沿对方右臂上滑，左手向右平抹，使两手以对方背部为力点，催动周身之力，将其放出。（图307～图309）

3. 揽颈跌放

在我向对方中线推进的过程中，突然使左脚向前迈步成左丁八步，左脚落地后，立即上右脚成右丁八步，并使之置于对方右脚后方，右臂前滑缠绕对方颈部，向前向下揽拿其颈关节，与此同时，右腿向后勾绊其右腿，使其向前跌出。（图310～图312）

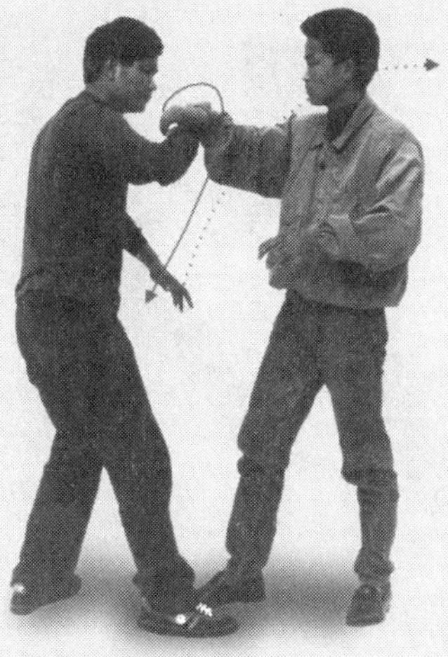
图307

图308

图309

图310

图311

图312

4. 折腕弹放

当对方向我中线推进，并以右掌触及我胸部欲将我放出时，我迅速含胸，以化解部分掌力；同时，以我两掌扣住其右手，向下猛力折拉其右手腕关节，使其上身前伏，呈半跪状。此时，对方必本能地向后挣扎，我立即降低身体重心，双手向前触及胸部，以我周身弹力将其放出。（图313 ~ 图315）

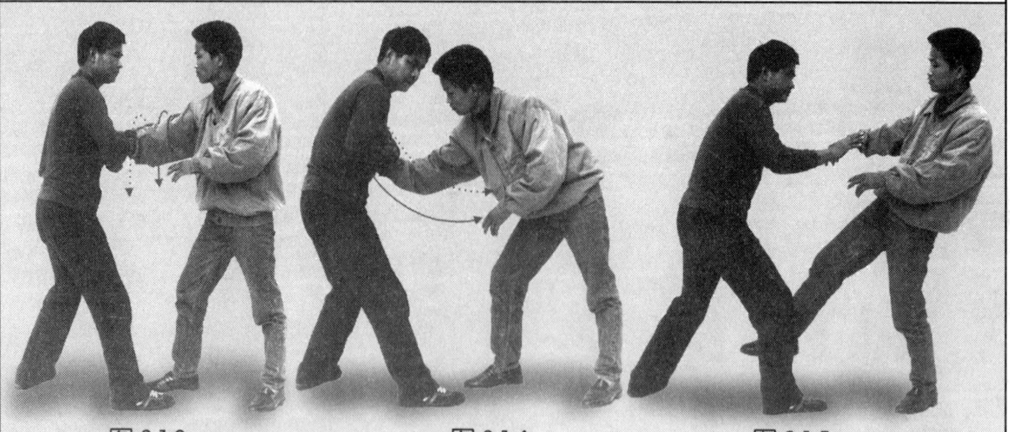

图313　图314　图315

5. 切肘斜放

在对方右手向我推进的同时，突然又以左掌向我进攻，我迅速以左小臂接住其左腕部位；然后，左臂内旋，翻左腕抓拉其左手腕关节；与此同时，上身左转，以我右肘向下切砸对方左肘关节，使其上身向左下方前伏，我再使上身右转，两手同时撞击对方左肋部位，将其斜放出去。（图316～图318）

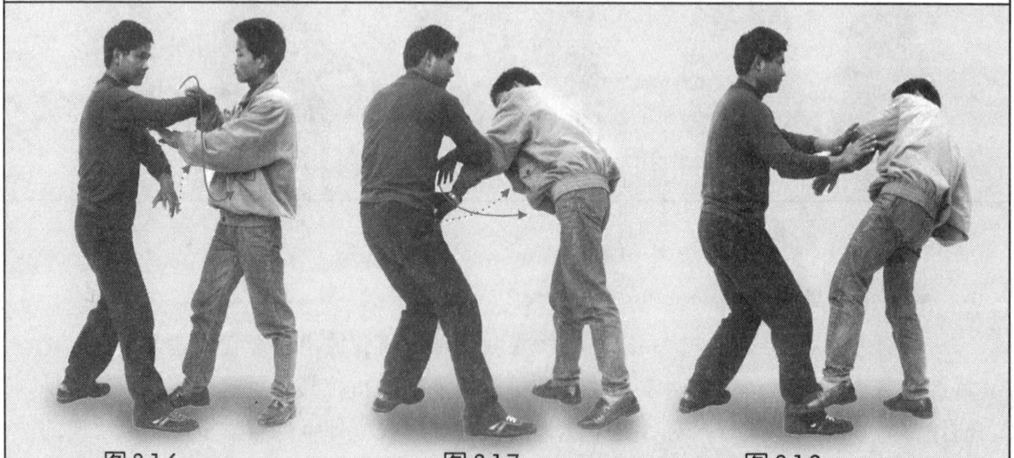

图316　图317　图318

三、双推手擒放法

1. 拿肘顺放

在推手过程中，对方若右手向我胸部推进，我右手由其左臂上方下滑至对方右肘下方，左手腕向下控制其右小臂；然后，两臂以反向之力拿其右肘关节，使对方右肘受擒而挣扎，此时我立即顺其后仰之势，右脚进半步，左脚跟半步，向前发力，将其放出。（图319～图321）

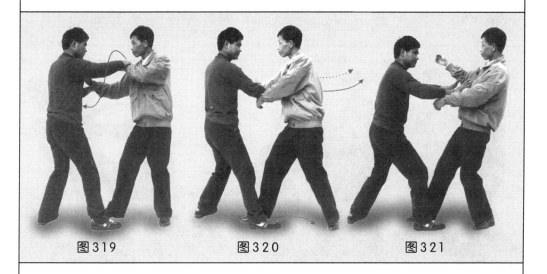

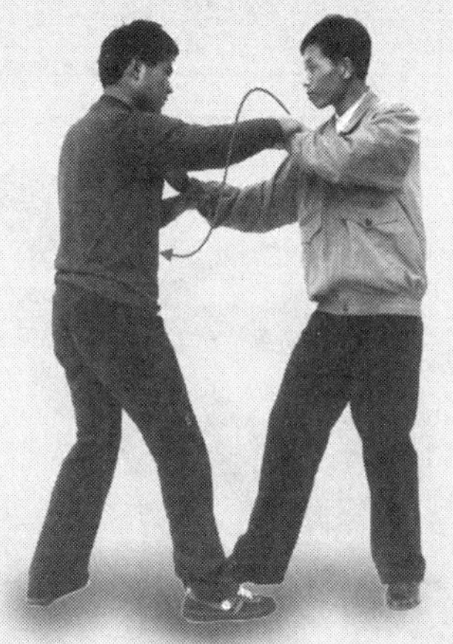
图319

图320

图321

2. 锁腕戳放

当左腕在内、右腕在外与对方互相进取中线位置的过程中，对方若用右掌向我胸部推进，我迅速使左腕上提，以右手背堵截其右掌；然后，右臂向左下方引化穿出，使右掌按压其右手掌背；此时我两手紧锁其右腕关节，并向下切拉，使其上身向我倾斜，随之，我两手翻腕，向前戳放对方。（图322～图324）

3. 缠肩旋放

对方右手向我推进时，我以左小臂外侧将其向左拨引，同时，我右腕向外向上向内、再由内向其腋下穿出，以右手搭按于对方左肩部位；此时，我左手配合右手，同时向左下方缠拉其左肩，使其向我左下方前伏，然后我上身继续左转，以我周身螺旋之力将其放出。（图325～图327）

图322

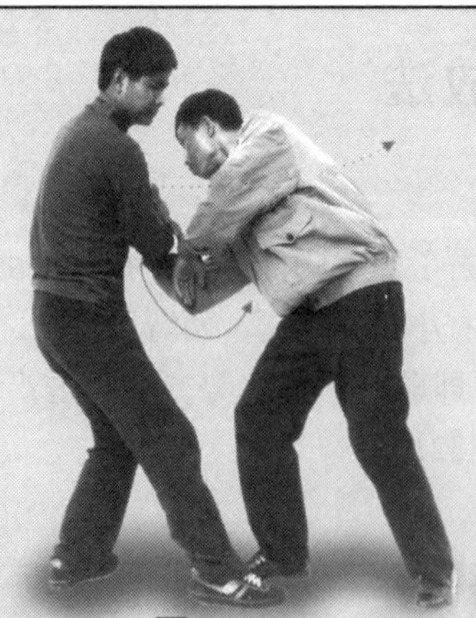
图323

图324

图325

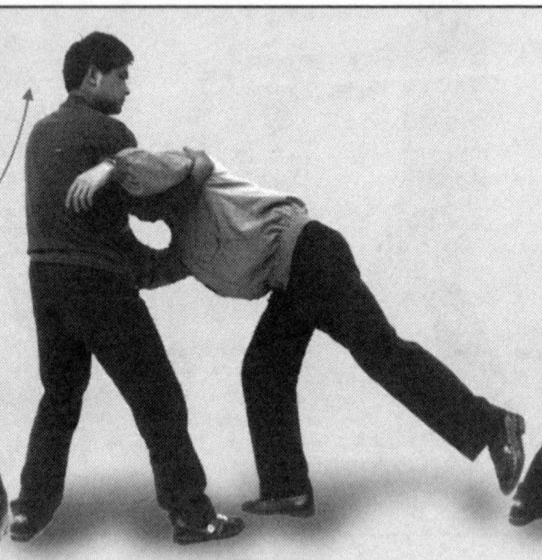
图326

图327

4. 挂肘提放

对方先用右小臂向我推进，我以左手腕向左引化，对方再以左手向我胸部推来，我稍向右转身，以左手扣抓其左手腕关节，右臂竖起，以右小臂内侧擒挂敌左肘关节；待其左臂、左肘受擒后，我两手骤然向上提挂，使其重心失控；然后，我两手变掌向前发力，将其放出。（图328～图330）

5. 折腰抖放

当对方用右掌向我胸部推进时，我左脚向左横跨半步，使其掌力向我右腋下滑过；然后，我右脚向前上步，以右掌推其颈部或面部，也可以右臂缠推其颈部，左手则向后揽按其腰部；此时，我左掌向回用力，右掌向前用力，以折推其腰部，当对方上身后仰时，我立即以全身惊抖之力将其放出。（图331～图333）

图328

图329

图330

图331

图332

图333

6. 旋腕进放

当对方两臂意欲向我中线挤进时，我分别用左手腕外侧撑挡其右小臂，用右手腕内侧堵截其左小臂；继之，我左手向上再向外翻腕抓切其右手，并同时向右上方提拉其右肩，右手向上再向内翻抓切其左手，并向右下方牵拉其左肩；然后，我双手突然向其中线进攻，并上步将其放出。（图334～图336）

7. 折指撞放

当对方左掌由内向我胸部推来时，我上身稍向右转，胸部内含，并同时以我右手抓按其手指，以我上身骤然内含之力折其左指，左掌则向前撞击对方胸部，使其处于后仰下跪之势；当我欲松右手之时，对方必有起身向后挣扎之意，我立即以双掌向前发力，将其放出。（图337～图339）

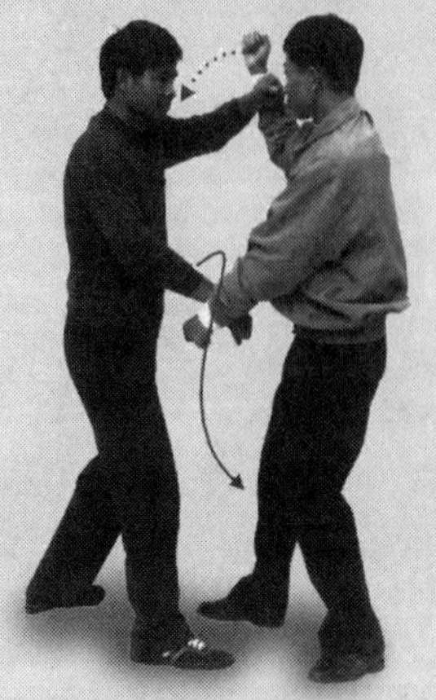

图334

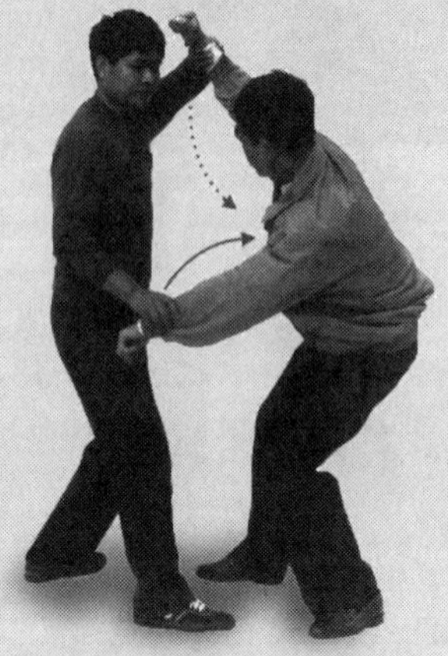

图335

图336

图337

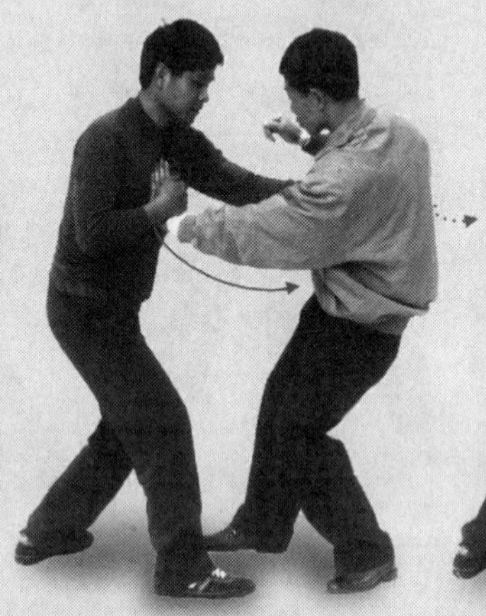

图338

图339

第五节　无定势实作

单操手和连环技法都属于定势实作，其开始时肢体的位置、击出的路线及定势的状态等，均有明确的要求，而无定势实作则无此限制。实作中，由于步与身法的调整，可能会使己身处于某一特定姿势，此姿势即无定势实作之起始状态。在此状态下，我可根据本能之感应，采取最佳的、最捷径的进攻路线，达到最好的技击效果。

在无定势实作中，它可能是某一单操手或连环技法的全部或一部，也可能是它们的衍生。故此，必须先把单操手、连环技法的空练、模拟对打练好，然后才能似法非法的在任一姿势状况下发挥较好的技击水平。

无定势实作切忌乱打，关键是步法身法的变化，其目的在于避锋芒、选角度、抢时间、抢速度，使自己处于最有利的进攻状态，力争击之必溃，切勿发空拳，击空拳，踢空足。

无定势实作本无具体操作而言，但为了更好地阐述此法，使初学者早有所悟，故下面举出各例。举例意在明理，非求具体，否则复蹈死招死式的低级技击状态，学者应明大成拳“一法不立，无法不容；拳本无法，有拳乃空”的拳学要旨。

1. 车轮转

当我两手一上一下或掌或拳处于身前时，先以在上之手击对方，再以在下之手击之，然后，提后足以穿裆脚之势踢之，我两手击出如车轮转动，向其中线滚去。（图340～图342）

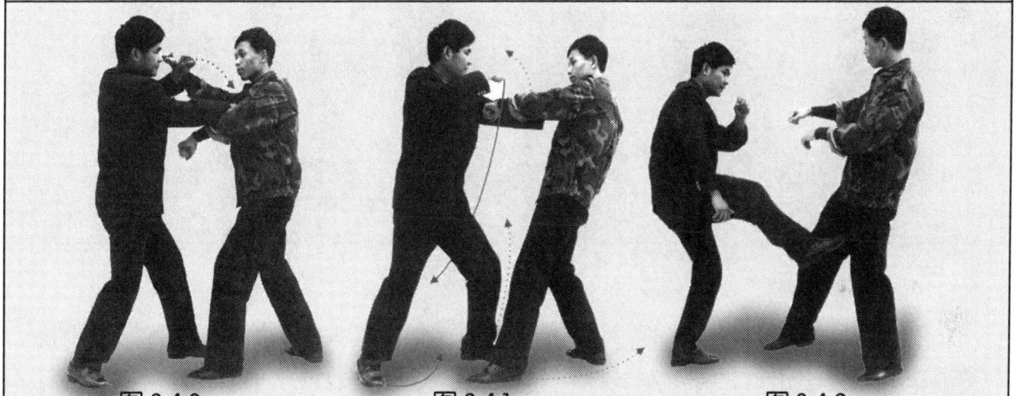

图340 图341 图342

2. 侧身击

当我侧身立对方身前，右拳在下、左掌在上时，右拳由下向左向上、再向右前方顺时针砸其面部，与此同时上身右转，左掌随之迅速再劈之，然后，提右脚猛踢其裆部或迎面骨。（图343～图345）

3. 钻天炮

当我右足在前、左拳置于身前、右拳置于体侧时，我用左拳向前砸击对方心窝部位，或磕击其进攻之右拳右臂，几乎在同时，我上身左转，右拳以钻拳之势猛击其咽喉部位。（图346～图348）

图343　图344　图345

图346　图347　图348

4. 掌双飞

当对方以右拳向我击来时，我稍向右闪身，以避其来势，然后上右脚踏其中线部位，使两掌呈出击之势（左下右上，掌心向下），并以两掌小鱼际外侧部位向前弹飞击出。（图349～图351）

5 连环炮

我处于右式格斗状态，先用右拳连续弹击对方面部，然后右脚迅速上步，左脚跟半步，在我向右拧腰转胯的同时，左拳如同重炮猛烈向其击去。（图352～图354）

6. 夺命肘

当我用横步绕对方于身侧时，先用右崩拳击其肝肋部位，然后周身放松，右肘盘起，在我向右转身之时，用右肘猛击其后心部位，给对方以致命的打击。（图355～图357）

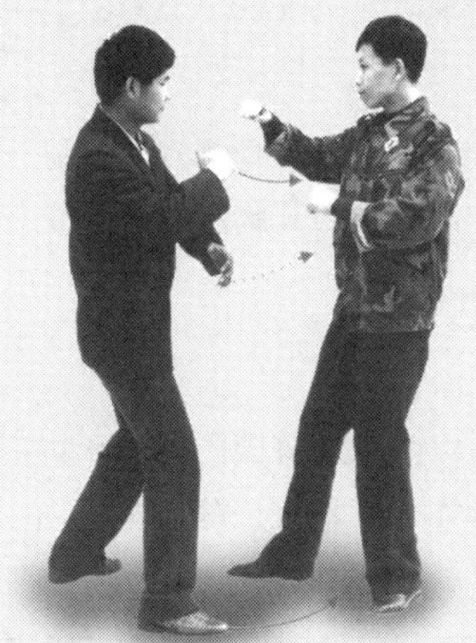
图349

图350

图351

图352

图353

图354

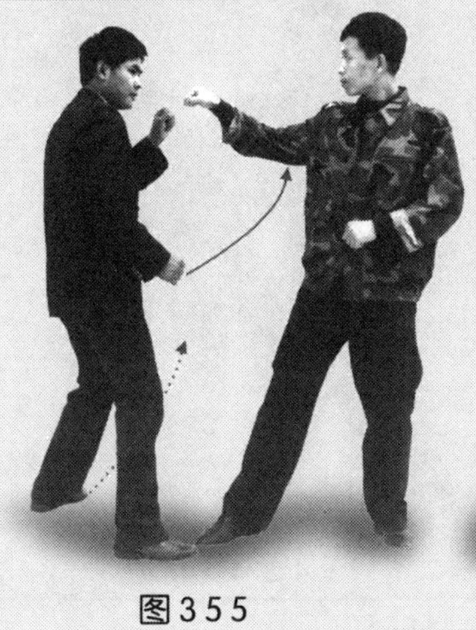
图355

图356

图357

7. 千军扫

当我两手处于身体右侧一上一下位置时（左下右上），稍绕对方身侧，使右腿缠其右腿后侧，并用力向后勾绊之，与此同时，两掌向左前方横扫其胸部、面部或颈部。（图358～图360）

8. 砍木桩

当我左掌举起，右掌处于左肋前方时，我用右掌向右以削掌之势砍击对方肝肋部位，然后左掌向前下方砍击其鼻梁骨或劈其面部，两掌如斧砍木桩，劈之即开。（图361～图363）

图358　图359　图360

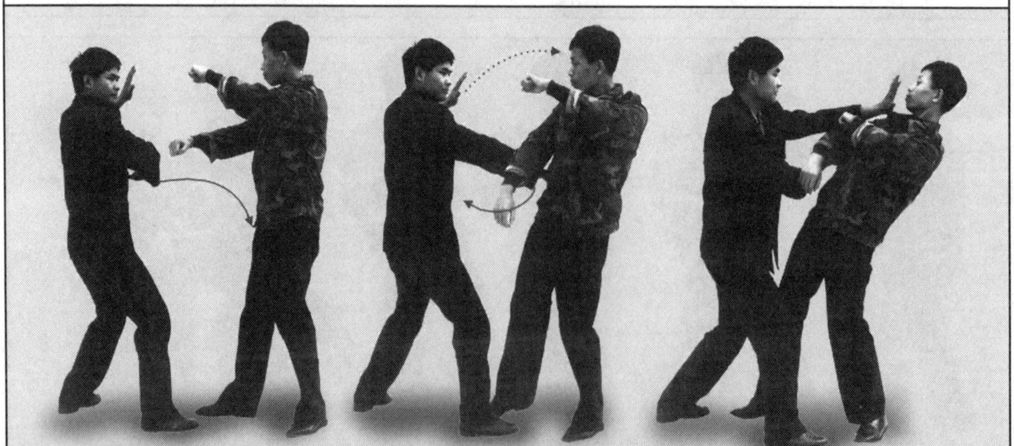

图361　图362　图363

9. 虎抱头

当我下肢呈左丁八步，两手呈上举位置（如虎抱头状）时，先用右脚踢对方下肢，右脚落地后，再提左脚猛踢其裆部或迎面骨，在左脚落地之时，两拳向前挂击对方面部。（图364 ~ 图366）

10. 扛大包

我与对方右腿均处于在前的位置，当我左掌举于头部左前方，右掌置于裆前的位置时，左掌以塌掌之势击其面部，然后，右臂迅速抱对方右腿，左手抓其右臂，将对方扛摔扔出。（图367 ~ 图369）

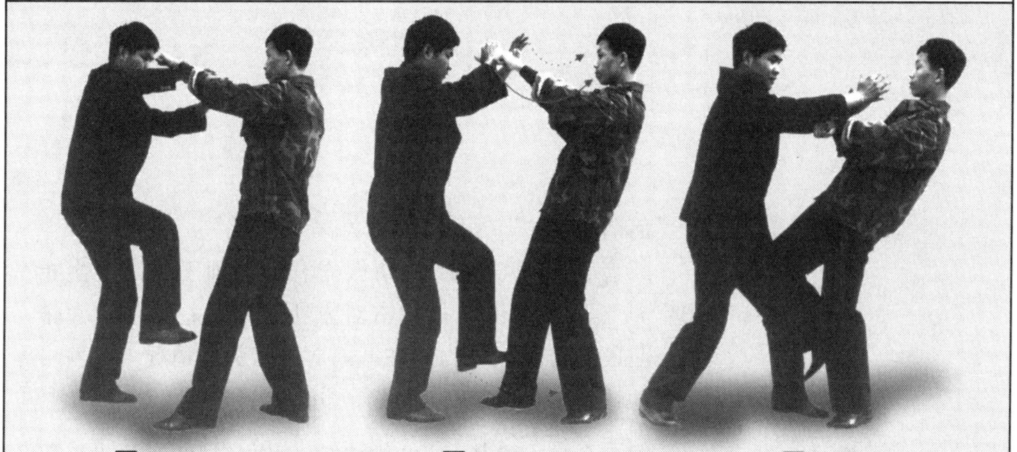

图364　图365　图366

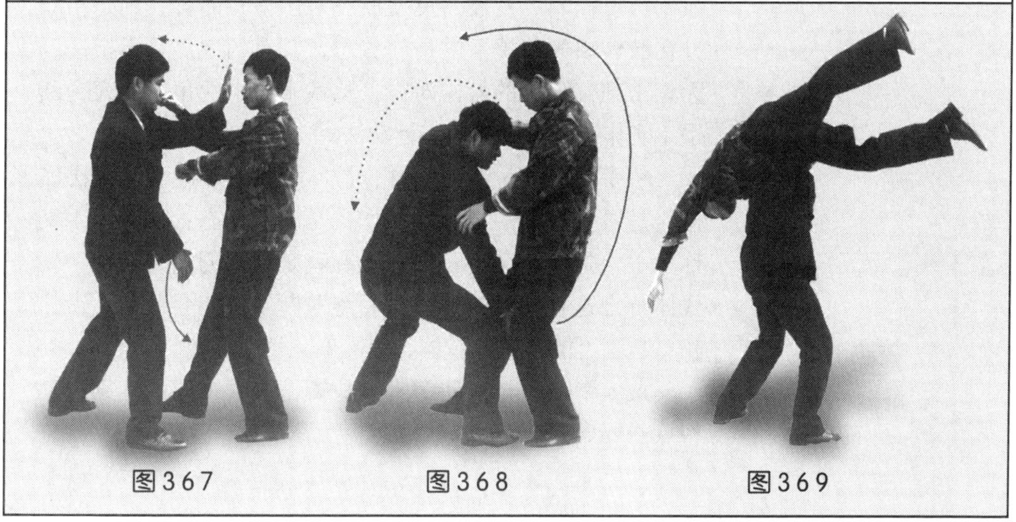

图367　图368　图369

第四章 大成拳断手概述

何谓断手?

断者，断开、截断、堵截之意。宗师王芗斋先生指出：从形迹上来讲，是截击对方所来之手；若从劲力来讲，是断对方所发之力。在截断对方来势的情况下，就可有效地达到防守与进攻的目的，此即“善守即善攻也”。

断手又称“实作”，即实战、搏击、格斗、技击。对于推手而言，则需要单臂或双臂的接搭对抗，其目的在于控制与反控制、发放与反发放；对于格斗而言，则是指双方在肢体断开前提下的格斗状态，其目的主要是无招法、无禁击部位限制的打击对方；从武术技术的角度而言，断手（实作）是大成拳的宗旨功法。

断手又分绝对断手和相对断手。绝对断手是真拼实搏，是真实意义的技击和实作，是应敌状态；相对断手又称对手，是技艺交流，擂台比赛就是特殊的相对断手，现代体育把这种比赛叫作散手。绝对断手可能会危及生命。相对断手可能会伤及肢体，但一般无性命之虞。

大成拳断手与其他拳术实战搏击有着本质的区别，其特点主要如下。

⑴无固定招法，在无招中见真招，根据触觉感受应变出无穷的打法；⑵攻防统一，顾打结合。在防守的同时打击对方，在打击对方的同时又不失防守之意；⑶硬打硬要。由于习大成拳者大多具有一定的抗击性和较强的肢体撑作用，所以，实作时你打你的，我打我的，我之神威如入无人之地，此即为大成拳的“打实”之说；⑷身如轮轴，化力为乌有。大成拳除了可硬打硬要，还可通过触点的变化，化解来势，使对方有力无处使而陷于被动。与此同时，我以相应的技法进击之。

一、大成拳断手的理论基础

大成拳断手以兵法中的奇正理论为基础。

所谓奇者，是指出奇制胜的意思。在与对方交手时，要做到“静如处女，动如脱兔”。在这一静一动之中，以迅雷不及掩耳之势，闪展腾挪的身法，在一瞬之间，飘忽而至敌前，出其不意地攻击对方，使对方处于被动地位，防不胜防。

所谓正者，是指自身功力笃实雄厚，精神饱满，浩气放纵，神态逼人，气势袭人，强攻硬搏，即形意拳中“硬打硬要无遮拦”的做法。

至于具体用法，或用头撞，或用足踢，或用肘顶，或用手击，或用擒拿，或用摔法，或用放法，可根据自己的爱好和习惯。但必须做到得机得势，处处有法，方能克敌制胜。此技击之法，练得日久功深，即能做到在交手时奇中有正，正中有奇，奇正互变。到此境界，就达到了大成拳技击中的初级阶段。到此阶段之后，在技击时就能很好地掌握动作中的时间性、空间性和有机性。也就是说在技击时，不论自己出手时的早晚，但触敌发力之时，总在敌先，而能够做到先发制人。正如王芗斋先生所说“彼不动，己微动；彼微动，己慢动；彼慢动，己快动；彼快动，己先到；彼先到，己先发”的实作原则。

在大成拳断手的训练中，要做到头直、目正、神庄、气静。在做每个动作中，都必须具有一定的实战意义，切忌无的放矢，盲目而动。并且在动作时，要做到周身上下协调一致，形成一动无处不动的整体运动。这就是《大成拳论》中所说的“上动下自随，下动上自领，上下动中间攻，中间攻上下合”的全身齐动的作拳要领。而且在动作时，身体的各个部位，还需做到“紧而不僵，松而不懈，形曲意直，神圆力方”。要使自身四肢百骸，处处皆有虚实，处处皆有松紧，处处皆有争力，从而触敌发力之时，浑元一争，形成整体发力。

在技击时，当与对方欲接未触之际，要有善于判断对方“企图”何在的能力。致于用何方法以应敌，用何方法而进攻，或双手齐出，或单手独进，或指上而打下，或佯用拳而实用腿，或双手配合而攻，或手脚并用而进，或进步而攻，或退步而守，或步步前进，使对方措手不及，无有还手之时机，或步步后退，使对方招招落空，以退为进而发拳，或顾与打相结合，或闪与进相统一。但总的来讲，在交手时不但要配备以上所说的“精神暗示”或“手法暗示”的各种用法，还必须做到“神不外溢，意不露形，形不破体，力不出尖”等要领。

总之，以奇正理论为技击基础，以上面的各种要领为技击原则，在实际应用中再加上身法和步法上的变化，身体重心的转移，配备合理的间架，掌握好力量的虚实和松紧，加之各种基本技术的具体用法，而形成大成拳断手的技击全貌。

二、大成拳断手要素

决定格斗类（如散打、拳击、摔跤、柔道、跆拳道、空手道、截拳道等）竞技能力的因素主要有：体能、技能和战术、心理和智能等。

体能：体能包括力量、速度、灵敏和耐力等素质，要想在格斗竞技中获胜，身体必须全面发展，以提高机体的适应能力和触觉感受，并且内脏器官还要具备抗震、抗击打能力。

技能和战术：技术和战术是格斗类的主导因素。技术具有主动性、全面性、重要性、连续性和实用性等特征，其内容有进攻、防守和反攻三个方面，在战术上可采用因人而异、先发制人、真假结合、诱导和借力、消耗战和游击战等。

心理和智能特征：良好的心理和智能特征，是制胜的必要条件。心理特征包括：临阵的敢斗性、坚毅性和心态的稳定性；智能特征指的是：较佳的记忆力和分析判断力。

大成拳断手与格斗类的竞技既有共性的要求，又有独到之处。对于格斗类竞技而言，它要求运动员的体能特征在形态方面有一定的选择性，而大成拳则提倡人人可行，讲究充分发挥人的本能。格斗类竞技的训练途径为：借助现代器械训练力量，通过单项技能训练获得技术，经过跑步取得耐力、速度，模拟性对练可具有灵敏性，并由此可积累经验。此外，还可进行适当的心理素质训练。大成拳的断手理论为：通过站桩，可获取力量、灵敏性，在站桩状态下可进行适度的心理训练，通过试力可强化力量，并能获取一定的速度性能，再由推手、单操手、实作训练可具有技术能力。当然，如果你有参加比赛的愿望，也要进行跑步训练。大体而论，大成拳断手的主要因素包括内劲素质、技术素质和胆量素质。

1. 内劲要素

许多体育运动，包括格斗类的竞技，力量是其重要的素质之一，在内家拳法中，通常把力量素质称为“功力”，大成拳称之为“内劲”。要使断手发挥很好的作用，必须具有一定的功力作后盾，如果力量微弱，要想在断手中获胜是根本不可能的。一个孩童即使其招法学的再好，若想打败一个壮汉，简直是天方夜谭。

2. 技术要素

大成拳的断手有大法与小法之分。大法就是无法，小法就是有法，大法是技击的原则，小法是具体的操作之法。无法是指在真拼实搏的瞬间变化中，不可能用具体的方法去套用，而是以自身的劲力为前提，随机而发。当然对于初习者来说，一开始就想具有无法之法显然是不可能的。因此，初学者必须要进行具体的的小法练习，这也是王芗斋先生设立拳形、技击十二形、断手五式二十一法的缘由。我们可通过单式的训练与模拟，使之逐渐熟练化，然后再把劲力的应用渗透到技击的动作中，进而由熟生巧，由巧生慧，最终达到不拘泥于任何形式的具体之法，这就是大法。对于实作由初级到高级的训练，我们将在相关的内容中详述，这些内容就是属于断手的技术素质。

3. 胆量要素

胆量要素在断手中也是非常重要的王芗斋先生指出：“敌前先自怯，怯敌必败。”功夫练得好，与友人交流时或许获胜，但搏击时，如果缺乏胆量，则未必获胜。

无胆量者大多是“怕”字当先，怕的原因有两个：主要是，万一打不过人家，岂不吃亏；其次，万一把人家打坏，岂不吃官司，要赔偿医药费。由此二怕，缩手不前，犹豫不决，则早已挨打至身。

习武之人要首重武德，恃强凌弱是习武大忌，但属于自卫范畴的，该打就打。习武之人要见义勇为，路见不平，拔刀相助，这不但是习武之人应尽的职责，也是整个社会所提倡的，因此为了正义，该出手时就出手!这些都必须具有足够的胆量和勇气。

三、大成拳断手实作要点

大成拳断手无定法可言，身无定势，手无定处，足无定位，动转腾挪，随心所欲。大成拳虽无固定方法，但原则要点还是有的，初学者应循规矩而习之，待日久功深，自可臻于随心所欲而合规矩之境。

宗师王芗斋先生总结了大成拳断手的6条实作要点，今录之于后，以飨读者。

拳击一道尚精神，内要提，外要随，
手脚齐到方为真。意要运，气要摧，
拳似炮，蛇卷身，应敌犹如火烧身。
充华必强骨，饰貌须表真。
计谋须远划，精神似劈雷。
心毒称上策，手狠方胜人。
何谓闪?何谓进?追即闪，闪即进，
不必远求尚美观。何谓打?何谓顾?
顾即打，打即顾，发手便是处。
力如火药拳如弹，灵机一动鸟难飞。

敌不动，我沉静，敌微动，我先发。
不动如书生，一动如龙虎，
发动似迅雷不及掩耳。

手要灵，足要轻，进退旋转如猫行。
身要正，目锐精，手到齐到定要赢。
手到步不到，打人不得妙，
手到步亦到，打人如拔草。
上打咽喉下打阴，左右两肋在中心。
拳打丈外不为远，近者只在一寸间。
手击如巨炮直冲，足落似大树栽根。
眼要毒，手要奸，步踏中门，钻入重心，
夺敌位，即使神仙亦难防。

鸽子入林燕抄水，虎入羊群抖威风。
取胜四梢均齐整，不胜必有存疑心。
声东击西，指南打北，
上虚下实，灵机自揣摩。

左拳出右拳至，单手出双手来。
拳由心窝去，发向鼻尖前，
鼻为中央之土，万物生产之源，冲开中央全体皆散。

两手结合迎面出，自然把定五道关。
身如弓弩拳如弹，弦响鸟落见奇鲜。
遇敌犹如身着火，打破硬进无遮拦。

力发出是在一刹那间，
在有形无形，有意无意，
有定位无定位，整体局部，自动被动，具体而微。
使力时多半是，举、抗、推、旋、搂、劈、钻、刺。

四、如何学练大成拳断手

大成拳无套路练习，亦不注重招法，因而一些初学者往往感到无法可依、无章可循，甚至个别人因此而中止练功，实在可惜。

宗师王芗斋先生著有《习拳六要》《习拳三阶段》等文章，系统论述学练大成拳的入门之法，即站桩、试力、步法、发力、试声、推手、实作等“大成拳七妙法门”，以上7个练拳的步骤具有很强的系统性。如果单纯从力的角度来讲，力由站桩而得，由试力而知，由发力而用，由推手而懂，由实作而知变化，由试声而固元气。

今录王芗斋宗师《习拳六要》于下，请广大读者和初学者认真研读、领悟：“入门引路须口授，功夫无息法自修。”由此则可循序渐进，进入大成拳之正轨，日久功深，登堂入室，臻于上乘。

1. 要知拳益

不学拳是不要性命的呆子，所以说拳功对人身关系之极切要，能健身体养性命。人人应知此理，应习此拳，普劝吾人练习之理由，一语道尽。若使吾知习拳之乐，习拳之益，致力于练习功夫，定有欲罢不能之势。涉入歧途，吃力努气，伤及身体，是学习错误，并非拳不可习也。

拳功如作到妙境，真得窃要时，在他人看来反认为精熟，不好看者有之。故要知习拳为己，而非为他人也，此防身养身贴骨之事也，更须平时一心存之于拳，蓄养血气，无论何时何地何事俱无不拳。拳皆在操练，有时限之功夫，不如无时限之功夫，纯正确切。所以非有固定时间及场地不能练习者未必是也。

2. 要明拳理

拳有拳之理、拳之法、拳之意，得其法、理、意，方得谓之能拳。故有拳法，而无拳理者非也，有拳理而无拳意者亦非也。拳之动，其法不一而有原理，动静变化，机神无方，出之自然，臻于神妙，盖由于一意之支配，得理尽法而成其用。所以习拳，理字最为紧要。理字须从规矩中得来，能于规矩中得理参透，方能有成。妙悟在己，学须自成，习拳者得其理，然后方可言气力。有气有力，而不合于理，非有用之气力。知其理而不能用于气，用于力，亦非真理。理与气合，气与力谋，动静合于理，则气力为之用，而气力神妙自见。然神其用者，还权之于意，故习拳之力，对其法、理、意，均需彻底认识，方有所遵循也。

3. 要重桩法粗迹

世人多以拳为技，不值一习，岂根本之论哉。拳为吾人动之始基，其理简而明，其迹粗而显，其玄妙在几微。故论拳理，言之深者，根于几微；言之浅者，本其粗迹。夫粗迹者，极简极易之运动方法也。得此粗迹，即能变化无穷。但非今之拳套招法也。拳之粗迹为何，乃桩法是也，岂可因其平易而忽之耶。观乎拳之功用之神者，无不由此一站生出也。习拳须先求下手及著实功夫之门，习拳下手处，站桩是也，久站乃为著实功夫之门也。舍此恐无真实下手处。故学者应以此学，教者必以此教，习认是在此，志向亦在此，终日乾乾，奥蕴自得，教习之道，不过如此，微乎微乎。

4. 要作体认功夫

习拳须知："心传意领"四字，是得力关头，此四字系于"体认"二字中求之。体认是一种实行功夫，运用意之支配，发挥自身之智能体能之作用，将脑所接受者，使身体实行出来，以身验知并以求所不知者是也。

要知心传口授，非真学真知，须得自己实行，方是实学实知。故习拳重体认功夫，乃易空想为实相之实功夫也。且精神气力之运化，非由体认不是自如自发自成也。

体认功夫，有内省、外观、实验三要点，缺一不可。内省者，直察自己之意象如何也；外观者，内省自己，外观他人，以他人之表现，参证其内容，作内省之助；实验系合内省外观之所得，行之己身，而得有实效之事也。

习拳有得于师者，有得于己者，得于师者为规矩，得于己者乃循规程。经体认，实得于身之妙用也。拳学不得于身，则规程无益于己。

论及体认，原有力、气、神三步功夫。力气神皆体认功夫。分言之，则习拳功夫深浅之界限；合言之，心气齐万力并足，力、气、神原有不可分离之性，三者实统基于一气，气调则神经之训练，血气之调理，筋骨之锻炼，均得体认之实功，做曰三步功夫也。桩法所示要点，皆为养此气而培人生之基也。

5. 要去三病

习拳有三病，一曰努气，二曰吃力（即用拙力），三曰挺胸提腹。染得三病则动静不合于理，拳功定难得力得气，而神之于理慎之。习拳吃力是一大病，近之授拳者，专以快用力教导初学者，误矣。教以快用力，是欲手足用力也，要知四肢用力，心身真劲力必淤结，久之为害甚大。于今学拳者应明此害，避之远之，庶几进而免入歧途也。

今之习拳者，多急于拳套，用暴力以求迅速和美观，全身气孔为之闭塞，而于自身气血之流通，实大有阻碍。所有拳家，凡用暴力者，无不努目皱眉，顿足有声，先用其气而后用其力，至练毕则长吁短叹，急喘不止，伤及元气，所以往往有数十年功夫，而终为门外汉者，岂非用此拙力之所致哉?

6. 要作实功

习拳忌好高求速，恐不达也。某员请示发力，予答之曰，汝已能得巧中味道，当能自信，对发力要领，恐尚未能领略，因发力种类甚伙，无应用经验，敢断言不易知也，望加意用功，届时必将详告。现在即告亦不能懂，即懂亦不能行，虑有务高反低之病也。

又功夫宜经久，朝夕操练，无时或已，得有日新成绩，方是进步消息，语云：非有百折不回之真心，岂能有万变无穷之妙用。

用功觉得全身气血川流，身体有物，养神敛性，全体无滞，是初步功夫。若听全体嘶嘶有声，无论行坐，一触即能跌人丈外，是中乘功夫。身外生气，光芒四射，如用目视人，其人如失知觉，然后渐入神化之境矣。

第五章 大成拳断手基本功

宗师王芗斋先生强调："要知拳真髓，首由站桩起。"大成拳之所以把桩功放在首位，是因为站桩能获取技击所需要的力量体系，尤其是站技击桩，可以达到培养锻炼"内劲"之目的。所谓"内劲"就是肢体上的肌松力，而具有这一效应的途径，就是在于桩功能改善或强化骨骼与肌肉性能。

无论是发何种力量，打出何种招法，都离不开骨骼作支撑，毫无疑问，只有具有良好性能的骨骼作运动链，才能具有较好的肢体支撑和劲力效果。比如，用同样粗的木棍和铁棍去搭架子或去击人，肯定是后者的支撑力和打击力要大得多，其原因是后者的密度要远远大于前者。通过站桩可起到"骨重建"的作用，所谓骨重建就是骨骼通过改变大小、形状和结构以适应力学需要的功能，重建的结构可增加骨的密度，从而也就增加了骨的强度和硬度。如此才能实现"不用力而处处有力"，才能增加推手或阻截过程中的撑感，才能提高打击中的穿透性。对于一个长期练习大成拳的人来说，我们可通过腕部的触点感知"其臂如棉里裹铁"，这正是"骨重建"的结果。

站桩对肌肉的影响是：既能改善肌肉的质量，又可达到"肌通连"的效果，即大成拳所讲的肌肉若一。由肌肉做功原理可知，参与做功的肌肉质量越大，力量就越大，功率就越大。对于一般人而言，进行某项肢体动作，往往是仅仅赖于肌肉的本能生理活动，对于经过不同体育锻炼的人来说，虽然其质量可得以改善（如肌节增长，肌肉体积增大等），但欲使之若一的参与某项运动是有一定难度的。经过站桩的训练后，肌肉不但能有效地收缩，而且参与收缩的肌肉可在力点的位置达到尽可能大的延伸。这样，不但肌群数量与质量增加，而且动作的距离也得以延长。当做到“肌通连”后，若用手腕搭扣于对方的手臂，其力源不但来自上肢肌群收缩，还可使肩部、背部、腰部的肌肉参与收缩。此时，若让人触摸一下腰背，可明显地感到这些部位肌肉的收缩作用，这就是为什么经过长期站桩的人能够具有较大的发放力与穿透力的原因。

肌肉收缩产生了力量，而这种力量是由化学能转变为机械能得以实现的。化学能就是高能磷酸化合物，如ATD、CP、ADP等，肌肉储能越多，其收缩力就越大。站桩，可加强高能物质的产生和利用。在桩功的位静式特殊运动中，肌肉能较长时间处在微动收缩与刺激状态之中，此时体内生化物质易于以脱氢方式氧化，能量逐步释放，并且以ATP、CP的形式储存起来。在内家拳法中，常有培养“内气”、聚集能量的说法，实际上就是能量物质的产生和储备的过程。

站桩之所以能产生技击方面的力量，就是因为桩功下的间架结构能适合肌肉的收缩原理。例如，站桩对肢体角度的要求，是以钝角为主的，这正是符合肌肉的等张收缩（向心收缩）原理。（图370）

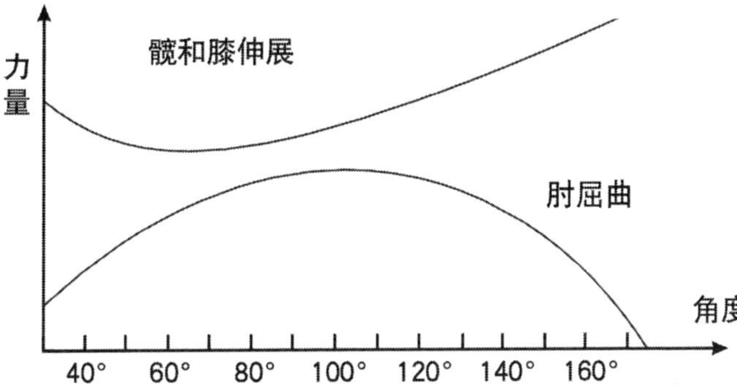

图370

当肘关节屈曲时，相关肌群收缩产生的张力，在关节角度为120度时最大，对下肢而言，则髋与膝伸的力量随角度的增大而增加。比如，技击桩的矛盾桩，前臂屈肘约120～135度，后臂屈肘约95度，下肢的髋屈与膝屈角度大约为150～170度。其他桩式虽不同矛盾桩，但其屈臂、屈髋、屈膝的角度都是以钝角支撑的，对下肢而言，当屈髋、屈膝在80度左右时肌力较小，为了弥补这一不足，常通过高级矛盾桩与裹跨步以强化。

第一节 技击桩

大成拳技击桩是以站桩形式训练技击功法的基础功。研习大成拳技击功法者必须首先练养生桩，在养生桩具有一定基础的条件下，才能练技击桩。技击桩虽是训练技击的基础功法，但所有技击桩均有养生桩的健身作用，只是以技击内含为主而已。技击桩的练用过程，仍遵循由静到松、由松到整、松中求紧、错综为用的桩功原则。

技击桩的种类很多，如浑圆桩、三才桩、浮云桩、平推桩、撑按桩、托婴桩（托宝贝桩）、小天星桩、托天桩、子午桩、金鸡独立桩、鹰形桩、伏虎桩、降龙桩、金刚大力桩等等。不同的桩式具有不同的作用，在不同的练功阶段，应选择相应的技击桩。下面我们重点介绍抓球桩、虎抱头桩、大步桩、伏虎桩、降龙桩、矛盾桩，读者可根据自身的实际情况选练。

一、抓球桩

在矛盾桩的基础上，两手内旋，变掌心向下，手指弯曲，胯部松沉，微向后拉，两手如抓起两个大铁球（图371）。

以上是左式的练法，右式与此相同，唯方向相反。

此桩既能产生大成拳的整体力，又能获得大成拳中的抓、拉、拿、捋、拧、带等手上功夫。

【意感活动】设想两手各抓一个大铁球，每个指缝间又夹一个小铁球，大小铁球一会儿合成一体，一会儿又分开。我稍用意，则可把铁球向左或向右甩得很远。也可设想我双手扶按在远处的一座高山上，稍有意念，可把此山按入地下，或将其推倒。

二、虎抱头桩

下肢与矛盾桩相同，腹部微收，两臂抬起，手握空拳，左拳在前，与眼同高，距头部约一尺二寸，右拳在后，位于鼻子稍下方，两眼目视前方。（图372）

以上是左式练法，右式练法与此相同，只是方向相反。

此桩易锻炼炮拳的进击能力和防守能力，对培养临战意识及周身扑打能力也有积极作用。

【意感活动】设想远处有一大树，意欲把大树一拳击倒；或可设想有一壮汉向我击来，我则以虎抱头桩式进行挡、拨、拦的假想，同时寻机向其进攻，一拳将其击毙。

三、大步桩

站成右式大丁八步，两脚距离约三足，臀部后坐，两腿下蹲，两手抬起，略高于胸。手心斜向前，右手在前，与右脚掌相齐，左手在后，前后相距约一手，横向距离约一头，肩松肘横，两手如推一物（图373）。左式练法与右式相同，只是方向相反。

此桩功对于锻炼大成拳的发放力、斜面力、横力、弹力有较好的作用。

【意感活动】设想自己如捕鼠之猫，将窜而未动，欲捕而待机；也可设想我面对强敌，扑之即倒；或可做各种自卫反击的准备，以不变应万变，与敌作生死周旋。

四、伏虎桩

站成左式大丁八步，两脚距离约四足，两腿下蹲，腰往后拉，头正项竖，上身挺直略向前倾，两手前伸，左手在前，右手在后，相距约有一手，两肘外撑，两掌内斜相对，两手十指斜向下方，手指微屈，如掐虎颈，自身如坐虎背之上。（图374）

图371 图372 图373 图374

以上是左式练法，右式练法与此相同，只是方向相反。

此桩对增长下肢力量见效快，有助于培养大成拳的磁力、惰性力、定中力、惊力等。

【意感活动】设想两手如挂空中，两腿两足既似把地球撕裂，又不使之分裂，正是欲合不能，欲开也不能；或设想两腿如插入虎身，虎狂吼不已，亦无能为力。

五、降龙桩

两脚前后尽量大步分开，成左弓步，前脚掌向外转，脚跟向里，后腿伸直，脚跟不要离开地面，右手横掌向前推，略高于头，掌心向外，左手置于胯部左上侧，掌心向后，双肘略弯曲，上身前伏，腰及颈项向右后扭转，两眼怒视后方。（图375）

右式练法与此相同，只是方向相反。此桩对增强大成拳的内气、内劲、力度、四肢力量、磁力、鞭力等有特殊作用。

【意感活动】设想我两臂有擎天托地之势，而心静如同止水，周身如同坐禅一般。

六、高级矛盾桩

在初级矛盾桩的基础上，前脚稍向前移动10厘米距离，两腿尽量弯曲，身体重心为前三后七，两手可调至为以下3种情况的任何一种：①前手不变，后手掌心向下；②后手不变，前手掌心向下；③两掌心均向下。两脚跟离地，仅以两脚掌着地进行练功，若有不适之感后，可使全脚掌着地。（图376）

图375

图376

以上是右式练法，左式练法与右式相同，只是方向相反。

【意感】在站桩过程中两眼凝视前方，眼光要毒，如冷视仇敌。要体会周身的松沉浑厚之存在，尤其是上肢的内劲存在与变化，可假想我周围有巨蛇猛兽向我袭来，我欲与之对搏；也可假想我如上弦之箭，发之即出。

对于站桩的中、高级练法，必须在有相当功力的基础后方可进行，否则将适得其反。尤其是对初练站桩与体质较弱的人来说，更不可试行。

第二节　浑元力

所谓浑元力，实质上也是争力，它是一个六面争力，简称六面力，也可把它叫振荡力。发浑元力时，要求几乎在瞬间的时间差内做出6个方向的力。

浑元力的训练是一个特殊的功法训练，它的意义在于：

（1）掌握了浑元力之后，再进行惊抖力、本能力、弹簧力发放，可以说是得心应手；

（2）浑元力具有一些独到的作用。由于训练浑元力具有一定的难度，所以练习者必需具有较深的桩功基础，以及发放二争力的能力。

一、训练浑元力的桩法

训练浑元力的桩法为抱树桩。以左式为例：在矛盾桩基础上前脚稍向前向外开，身体重心为前四后六，上身立身中正，两臂略降低，使两手与肩同高，两肘略呈下坠之势。（图377）

图377

在进行抱树桩的训练时，周身务必保持松、沉、整。开始站桩时，身体会有不适或疲惫之感，这是由于新姿势的变化，会使一些相关的肌群产生新的刺激与耗能变化。这个过程因人而异，通常情况下，只要能一次站桩保持40分钟以上仍然没有不适感，就完成了抱树桩的姿势适应阶段。

对于右式的练法与左式基本相同，只是方向相反。在每一次站桩时，左右式都要锻炼。

【意感】当桩式完全适应后，就可以进行抱树的意感训练，具体操作为：意感身前有一棵大树，我两臂将其抱住，在进行抱树训练时，要体会两腿、两膝顶着大树，周身紧贴树干，两手要有扣抓大树之意。

在进行以上抱树训练时，需要注意的是意念不要太具体，不要太死，要保持似有似无、若即若离的状态。只有这样，输入大脑的才是弱信号，才能符合心理学的训练原理，才能达到输入弱信号获得强刺激的效果。如果意念过重，势必造成执著。正确的做法是：输入大脑的信号，必须是浑浑沌沌、模模糊糊、不太清晰的概念。

在站桩过程中，每次体会抱树的感觉不可太长，一般2～3分钟即可，其他时间以保持放松为宜。具体操作为：当我感觉身体放松而处于较佳状态时，就可体会抱树2～3分钟，然后再放松一下身体。

二、挂六面力的训练

经过抱树桩的抱树训练后，能感到自身的骨骼、肌肉、筋腱会有明显的变化与感觉，由此可带来周身的整体感、沉实感，两臂的粗壮充实感。到了此阶段，周身稳固性得以强化，两臂的撑感大大加强。此时只要一站桩，身前确实有“物”，好似自身与树干能融为一体，内在确实有“东西”，这种“东西”也就是内整的具体表现。当获有这些效果后，就可进行挂六面力练习。

1. 挂前后力

在抱树的前提下，意感把树向后抱拉，然后再向前将其送至原位。

【意感】后抱——前送。刚训练时是无形的，然后逐渐把无形变为有形；开始时动作可慢一些，按由后至前的模式连续训练3次。继之，可把频率加快，做后、前的快速挂力共3次。最后是高频率发放，像二争力那样瞬间挂出两个力，它与争力不同的是二争力主要是整体催动，两臂二争，而此时训练则整体挂力，两者不论是形式上还是内涵上都是有区别的。

2. 上下挂力

当前后锻炼有一定基础后，就可进行上下的训练，在我抱树的前提下，意感把树干搂按于地下，然后再向上拔起。

【意感】下按——上提。开始是无形的练习，继之，频率适当加快，按下、上的顺序连续3次；最后，再进行高频率的挂力练习，即在瞬间做出两个力量。

3. 挂开合力

在两臂夹抱树身的前提下，意感两手扣按于树身，并慢慢将树干向外撕拉为两半，然后，再慢慢向内使树干向内合拢为一体。

【意感】外开——内合。开始时，这种练习仍然是无形的，然后把无形变为有形，先进行慢动作的开——合练习，共3次。最后，适当加快练习，乃至进行高频率的挂力练习。

4. 挂后前、下上四面力

在抱树的前提下，意感同时把树干向后、向下拉按，然后同时把树干向前、向上送提。开始时，是无形的练习，意感向后向下，向前向上，体认3次；之后可进行有形的训练，先进行后下——前上的慢速练习，共3次；继之可加快速度练习，顺序为后下、前上，如此操作3次。最后，可进行瞬间的高频率练习。

5. 挂后开、前合的四面力

站好抱树桩后，在有抱树感的前提下，意感把树后拉的同时又使之撕开。然后，意感把树前送的同时又使之合拢，继之可进行微动的练习，即：向后的同时又向外开，向前的同时又合拢，一般训练以3次为准。

练习时的速度要由慢至快，最后再进行高频率的挂4种力练习。

6. 挂下开、上合四面力

这种练法与上两种练法的原理基本相同，开始先进行向下、外开的练习。之后，再进行向上内合的练习，即先把树下按的同时再撕开，把树上提的同时又内合，先进行意感诱导，再进行微动至慢速的训练，每种训练一般进行3次。最后进行高频率的挂四面力训练。

7. 挂六面力

这是一种由2到4再到6的综合练习，其操作方法为先挂向下、向后、向外的3种力量，再挂向上、向前、向内3种力量。开始时，先进行无形的意感练习，然后再进行有形的练习。

（1）无形的意感练习，即在抱树感的前提下，把树干下按、后拉、撕开、再把树身上提、前送、合拢，依次做下后开——上前合的体认，共3次。

（2）按下后开——上前合的模式慢速训练，共3次。

（3）加快频率练习下后开——上前合，共3次。

（4）发浑元力，即把速度快至极点，在瞬间发出六个方位的力量。

第三节 大成拳的内劲场

一、内劲场概述

自然力是大成拳内在功力的一种体现，是各种劲力的概称，是大成拳内劲的根本。只要能做到自然发力，对于具体运用采取的种种发挥形式，或弹或抖或崩或放或摔或钻，自能明了。

以功力情况而论，大成拳的自然力有小乘、中乘、大乘3种不同的层次，它有一个由低级到高级逐步转化、逐步提高的过程。作为真正的大成拳门人，身上所具有的内在劲力是类同的，都具有自然 、本能之特性，区别之处只是威力有强弱之分，换言之，就是存在一个层次问题。低层次的力比较单纯，自身本能难以得到最大的发挥。高层次的力量不再是孤立的力，而是以一个劲力体系出现，即内劲场的形式出现。如此，方可千变万化，凭借自我敏感之触觉，应变出不同形式的劲力来。

要达到由低层次到高层次的转化，必须经过科学的、系统的锻炼，尤其要注意身法调配和心法调配。所谓身法调配包括两个含义：一是在不同的阶段要采取不同的桩功或试力锻炼；二是指无论以何种姿势练功，都要把身体各部配合得当，运用得法。所谓心法调配，就是精神意感方面的训练。不同的身法和心法调配，自我力感意识是不同的。

练功初期，可以把矛盾桩、钩锉试力和摩擦步作为主要的功法练习。随着站桩和试力的步步深入，大约要经过五个阶段的练功过程。

1. 第一阶段

不论站桩和试力，身体各部可能有不适应的感觉，如肌肉的酸痛，此阶段主要是消除肌肉紧张，培养练功之适应性，在此基础上达到“肌松力”，做到松而不懈，紧而不僵，以求得王芗斋先生称之的“意中力”。

2. 第二阶段

站桩时极为舒适自然，感到胸部坦荡，腰部充实，并有温热之感，试力时能做到“用意不用力”，不论推出去还是拉回来，有物体感应，比如推时，像推着一条船，并随意向前移动。

3. 第三阶段

站桩时，身体有膨胀感和重力感，自身力若千钧，稳如泰山，试力时，可配合“力意相逆”活动，手部有沉重感和实物感，又似推之不动，拉之不开，又有欲止又欲动，欲动又欲止之意，此时已能感知到“内劲”的存在，初步具有大成拳的“自然力”。

4. 第四阶段

站桩时，“内劲”加强，整个胳膊有外撑胀大的感觉，由此可加深对“力”的实质性理解，这种“力”的存在，站桩时有，平时也有，好象大脑里存在着这种“力”的成像；试力时，可采取“力意相逆”的方法，此时则感到“内劲”通过肩臂向手部移动，即使在站桩时，也有“内劲”向肢体移动的感觉，此感觉尤以做蛇缠手试力时最为显著。

5. 第五阶段

不论站桩和试力，精神饱满，整体空灵，正如王芗斋先生《大成拳论》中描述的“满身空灵意，不容粘毫羽，有形似流水，无形如大气”。如有一羽向我飘来，只能在我身空洞之处落下，如此肌肉若失，只感到有一种特殊的力存在。此时已不是某种单一的孤立的力，而是以一种具有高层次、高效能、多变性的“场”的形式出现，此即为大成拳的内劲场。

二、内劲场剖析

大成拳的内劲场其基点是初级的自然力，它不仅限于重力感和加速度的发挥，更主要的是多了高一层的内在东西，如果不懂得这一点，就会把大成拳中各种劲力截然分开。事实上，这些不同的劲力，实质源一。在获取“内劲场”后其各种形式的力，只要稍加练习和体会即可掌握，诸如金、木、水、火、土五行之力，又如整体力、浑元力、二争力、鞭力、磁力、杠杆力、缠绵力、螺旋力、弹力等，一经指明，即可获得。

“内劲场”的作用在于它具有更为广泛的实用性。王芗斋先生肢体弹人的功夫，实际是高级“内劲场”作用的结果。我从学于王选杰先生后，先生曾多次为我示范过多种力。有一次先生轻轻在我胸前一放，顿时感到犹如重锤砸过一样。又有一次先生为我作二争力，只见先生周身微微一抖，我整个身体像被弹飞一样，撞在身后2米开外的墙上，这是一种更自由化的“内劲场”的作用。

按训练自然力的方法进行站桩和试力时，会逐渐感到有“内劲”产生，当然它还不是“内劲场”，此时，在胸部、背部、肩部等有明显的膨胀感，此即为“内劲”的初步表现形式。当然，仅用胀感来描述“内劲”是不够的。如此，“内劲”在体内逐渐扩充、深化，直至通达肢梢。

有时感到这种“内劲”似有“紧”的感觉。而且越放松，此感应越明显，然又并非肌肉紧张，实为体内充实之表征，用手触之，肌肉仍处于相对松的状态。“内劲”深化后，身体的抗击性也会相应增强。向我学拳的学生，练至3～5个月后，身上很多部位均可经受一般人的拳打脚踢，这就是“内劲效应”，这种“内劲”是在体内深层或肌肉与骨骼之间形成的。

“内劲场”可以概括为单一的“自然力”与“内劲”的互相作用、互相渗透的加合。如果仅有“自然力”而无“内劲”，就难于表现出更大的威力性，若仅有“内劲”而无“自然力”，则这种“内劲”就不能得到很好的发挥。站桩重在培养“内劲”，而试力就是要使这种“内劲”进一步向空间延伸，使其具有实用性，如果仅仅进行站桩训练，得到的“内劲”也只能是一种“死劲”，很难用于技击，只能益于健身。王芗斋先生明确指出：“站桩有相当基础后，则一切良能之发展，当日益增强，应继续学试力功夫，体认各种力量及神情，以期真实效用，此项练习，为拳中之最重要最困难之一部分工作。”进行试力时，除能使“内劲”有延伸作用外，亦有使之强化之效能，如此“其本能之自然力由内向外，自不难渐渐发达。”

要获得大成拳的“内劲场”，必须经过全面的功法训练，其中某些桩法具有特殊的效果。在整个练功过程中，可以一种桩法为主，再配合其他桩法或功法练习，否则很难达到上乘之境界。

通过矛盾桩的练习可获取基本的力感；站托宝贝桩可振奋精神，增强意感；练鸟难飞桩时，手部不规则地运动，可使“内劲”更有效地发挥出来。其他桩法如伏虎桩、降龙桩、子午桩、金鸡独立桩等则对下肢功力很见成效。实作时，要想稳固重心，具有较高的重力感，进而达到有效地放人，或把人弹出，没有雄厚的下肢作后盾是不行的。下面特将抓球桩、伏虎桩、降龙桩的功感效应予以分述，作为有相当功底者的提高练习，以求全面地掌握大成拳之精髓。

1. 抓球桩

像站矛盾桩一样，开始练功仍有疲惫反应，“内劲”有所消耗，“内劲场”随之削弱。此后，胳膊则有温流感、麻胀感、深重感，手部有增厚感，“内劲”日益回升，且能均匀发展全身，“内劲场”又有新的充实，功后身体盈快，两腿轻松，这对技击时的步法、身法的灵活性非常有益。

2. 伏虎桩

这是一个大步丁八桩，消耗体力较大，可作必要的身法调整，先练小丁八步。此桩易于较好地进行静力性功力锻炼，有助于整体发力。站桩时两手臂要有空悬吊挂之意，两腿两足大有把地球撕裂之势，而又不使之分裂，正是欲合不能，欲开也不能；或两手有卡住虎颈之势，两腿要有骑住虎背之意，虎则拼命挣扎，我亦随之做必要的肢体微动，以控制之；或两足两腿如插虎身，两手如掐虎头，虎则狂吼不已，亦无能为力。此桩从形体上看是站桩，但又不似站桩，因为此时的意感仍处于“动”之状态。

3. 降龙桩

桩式适应后，体内意感、劲感均会发生质的变化，胀感、麻感、充实感一直深入骨髓或筋肉深层，手部除有热力感外，尚似风吹一样，“呼呼”有声，关节部位“叭叭”作响。自我力度效应是：身体特别放松，不是一般的松，而是真正的放松。放松的程度好象身体各骨骼之间既有联系，而又脱节，身体的局部或整体有轻松的沉重感，两手、两臂乃至全身有与外界空气发生摩擦、自身之气与宇宙之气相合的感觉。

三、内劲场劲力的形式

就总体特征而言，大成拳的内劲有金、木、水、火、土五行之力。恩师王选杰先生在《大成拳功法与实作》一书中解释说：周身筋骨强实而富有弹力名为金力；周身具多面的力而无片面的力名为木力；周身肌肉如“盘内之珠”游走不定的力名为水力；发手如炸弹之爆烈迅猛异常名为火力；周身敦厚沉实，有似泰山之重名为土力。

1. 从给对方造成的效果划分

（1）发放力

其效果在于将对方放倒或弹出，而对方毫无疼痛感觉，一经交手，对方尚不知是怎么回事，已被扔出。实作时，意要放远。例如，香港泰拳名家刘生与王选杰先生较技时，王先生在控制刘生后，突然双手向前一抖，刘生虽摔出两丈开外，却未受到任何损伤。

（2）穿透力

其效果在于将对方造成重伤。击打时，对方身形位置可以不变或微变，而劲力则向其身体内部穿透。比如打在前胸，而对方则感到痛及后背、振动内脏。实作时，我拳我臂意欲从对方后背穿出。

（3）发放穿透力

其效果在于放倒对方的同时，又能伤及对方内脏，发放性和穿透性合二为一。

2. 根据内劲的表现形式划分

（1）蓄积力

蓄而待发之力。骨藏棱，筋伸力，力蓄于锋棱，无点不弹簧，一经接触，立即爆发。

（2）整体力

“内劲”充盈，上下齐动，周身气血同时鼓荡而产生一种整体劲力。

（3）浑元力

在整体力基础上的一种多方面的力，要求全身力量平衡均整，操作时力不出尖，在瞬间把自身的多方面争力作用于对方身上。

（4）二争力

根据牛顿第三定律，将反作用力加以利用的力。如向前发力时，则欲前先后，在向后作力时，必然存在一个向前的反弹力，我顺势向前，这样的力比单纯向前的力效果好得多，此力尚有勾挂和吞吐之意义，其他方位的二争力与此类同，做二争力时要求几乎同时完成。

（5）鞭 力

自身松柔，像鞭子一样抽打或击中对方，此力灵活性好，穿透力强，在横击、下劈、腋掌等手法中均可应用。实作时，两腿两足与地面之间似一鞭杆，整个身体像鞭子一样由身至臂至手抽打过去。

（6）弹 力

训练时，要提高自身弹性，王芗斋先生形象比喻为：“遍体弹簧似，触敌之际，犹如弹簧，由蓄而发，将敌弹出。”

（7）磁 力

如果把金属从磁铁上拿开时，它们之间存在引力，磁体越大，磁性越强，引力越大，经过练功，身体重心与地心产生“引力”，其类似磁力。高度地放松，会使“磁力”具有柔和性，而纯厚的“内劲”具有引力性，与人推手时，对方会感到你身上存在一种回复原位的力，即磁力。

（8）缠绵力

与太极拳的柔化之力类似，全身轻柔至极，如蚕吐丝，缠绵不断，无始无终，纵使敌手如何变化，亦无从进击，欲逃亦不能。

（9）惊 力

《大成拳论》云："动则如怒虎出林搜山欲捕之状，全身若灵蛇惊变之态，亦犹似火烧身之急，更有蛰龙横摆直飞之神气，尤感筋肉之激荡，力如火药，拳如弹，神机微动雀难飞。"实作时，如火烧身，快似闪电，惊中有抖，抖中有惊。

（10）螺旋力

全身大小关节，都有支撑力，所有部位形成钝角，力欲膨胀又欲收敛，全身均起螺旋作用，使人碰上就被甩出很远。

另外还有开合力、轮轴力、滑车力、重速力、定中力、撑抱力、惰性力、三角力、杠杆力、斜面力、吞吐力等多种。根据功力进展情况，各种形式的力均可先后出现。

第四节 随意状态下的作力

在已经介绍的各种发力中，基本都是在定势或定态状况下完成的。但在实际的推手或断手中，双方所处的势态千变万化，这时，我们不可能以一个既定的模式去发力，这就要求肢体能在各种非定态的情况下发力，即随意状态下的作力，这种发力是最实用、最根本的发力。其特征为：

（1）具有本能性，即凭本能、凭触觉而发，但又与通常所说本能力有所不同。

（2）以多种劲力作后盾。

（3）必须进行多种非定态的试发练习。

要想具有良好的随意整发力，一般要经过如下几个过程。

一、内整训练

对于外整性的力量，短期内即可得到，而对于内整性的力量则需要长期的训练。通常的整体力主要表现在外形的变化，而内整则可以是无形的，也可以是有形的。在内整的前提下，自身的肌肉可随意表现为有意的或无意的挂力效应，而这种挂力则是以上肢与躯干部位、乃至胯部为一体的肌肉收缩作用。

在进行内整训练时，所用桩式可以是某一常规的定势（如矛盾桩等），也可是任一非常规的姿势（图378）。因为，此阶段的站桩淡化了外形的规范性，它更注意的是对桩功内涵的追求。就一般情况而言，经过一定的桩功训练后，肌体可出现多部位的自动收缩作用，但这些常常是无序化、无关联的。此时的表现为，只要稍一站桩，可在胳膊、腰部或背部产生紧实或收缩之感，但它又不是单纯的肌肉紧张，而且越让身体放松，反而这种收缩越明显，欲使这种多部位的收缩通连，仍有一个过程。

图378

为此，在站桩时，可使两掌略呈弯曲状，而中指则有微向外突出之意，整体则以松沉为主。这种练习每次最多进行2～3分钟。就要进行随意性调整，当身体达到有效的松适后，就可再进行第二次的体认练习。

内整训练一定阶段后，肩部特别放松，而背部、腰部却非常紧实，若用手触摸，可感到腰背部比原来结实得多。此后，将以腰背肌群为中轴，上挂肩臂，下贯胯部，形成了由胯部—腰部—背部—肩部—臂腕部位的大鞭体，如此，才能使更多的肌群若一的参与收缩。

二、挂力训练

人体四肢结构类似鞭子，它们近端环节质量大，末端环节质量小，在做鞭打动作时，鞭根先行制动，并将其动量向鞭梢传递，由于鞭梢质量极小，因此可获得极大的速度，产生极大的力量。在大成拳中，所要形成的是以胯部为鞭根，腰背为鞭身，手为鞭梢的大鞭体。大成拳有肩胯打人之说，就是因为肩胯在运动中起主导作用。上肢由肩支配，下肢由胯支配，当肩胯运行时，也就带动了整体。内整的训练，可使自身有效的形成大鞭体。此时，再进行鞭梢的挂力训练，可使大鞭体的动力更好地在鞭梢得以发挥。

具体做法为：在矛盾桩的前提下，把身体重心调整为前四后六，上身无后靠之意，要形成挺拔之势，前脚跟提起程度略大于矛盾桩，当有了特别好的桩功基础后，也可使后脚微微提起。前手略向上提，后手微向下落，两肘稍有下垂之意，两手之状则有向前下方砸挂之势。此种桩式是矛盾桩的另一高级形式。（图379）

图379

1. 挂力练习的方法

按此桩站好后，先做整体的放松调整，然后当出现大鞭体的微动收缩后，可进行以下练习。

（1）配合大鞭体的收缩，使两腕至大拇指部位向上做撑挂练习。开始时，可意想有一巨臂向我击来，我两掌则呈由下往上的撑挂之势，在撑挂的同时，可使两掌做微动的收缩练习。如此训练有相当基础后，可做快速有形的撑挂训练。（图380、图381）

（2）配合大鞭体的收缩，使两腕至小鱼际部位向前下方做砸挂练习。可设想有一壮汉用拳或掌向我击来，我迅速使两掌向下做砸挂的微微收缩体认。当感到胯、腰、背、肩、臂及腕部能有效的形成一体收缩后，即可做实际的砸挂训练。（图382、图383）

（3）在大鞭体内整的前提下，意感有拳向我击来，我以腕部为触点向上做撑挂相迎，以阻截对方来势，然后再迅速向前下方做砸挂动作。开始时，只做微动的收缩训练，继之，可做实际的撑力与挂力训练。按照类似的方法，也可先做砸挂动作，然后再做向前上方的反弹动作。

图380

图381

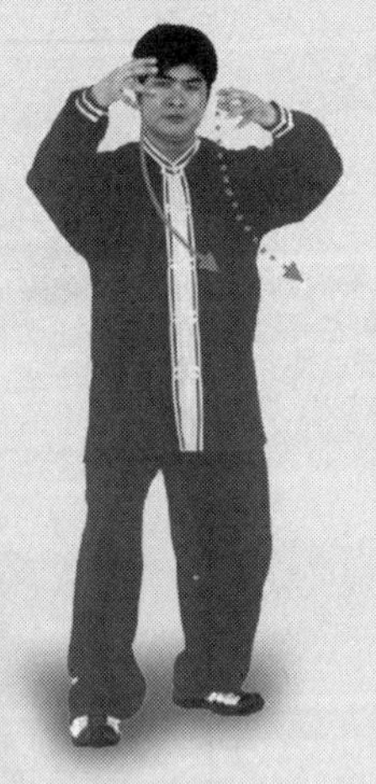
图382

图383

2. 挂力练习时应用

为了检验挂力的效果，可找一拳友进行应用性练习。

（1）对方用拳向我击来，我以两腕相迎，使前手腕能有效地撑住对方来势手臂。练习的速度可由慢至快，对方手臂被阻挡时，要确实能做到我之手腕有很大的撑之力。（图384、图385）

（2）对方用拳或掌击我，我以单拳或双拳向下砸挂对方进攻的手臂。如此训练时，先以慢速为宜，然后再进行类似实作的模拟练习。砸挂对方手臂时，要尽量造成对方重心不稳。（图386、图387）

（3）对方用拳向我砸来或击来时，我在大鞭体的触动下，以单腕或双腕向上撑对方进攻的手臂，当阻截对方来势后，再向对方面部或胸部做砸挂打击。（图388、图389）

图384

图385

图386

图387　　图388　　图389

三、自然性试力训练

所谓自然性试力，就是指没有任何模式限制的高效试力方法。《大成拳初学入门》中介绍的钩锉试力、蛇缠手试力等，都有一定的肢体运行模式。而自然性试力则是没有预定动作轨迹的试力。当然，不论有无模式的试力，其目的都是为了使劲力向空间延伸，它们的区别是：一般的模式试力是通过预定的形体动作，把劲力引导出来；而非模式的试力，则是当劲力有了充分的感受后，让其自然而然的试之。此种试力不受肢体模式的限制，它可以在任意的肢体状态下去感知力量在空间的存在性。

由于此种试力没有固定模式，训练时可选择某一定势或非定势的站桩作为试力的起始态。但不论采用哪种站桩姿势，都应以感受“肌通连”下的内劲效应为要则。比如，当选定矛盾桩时，经过适当时间的站桩后，自身的内劲逐渐充盈，参与作力的肌肉块会逐渐延伸。对于功力深厚者，所需要的时间较短，甚至稍加站桩即可有明显的大块肌群收缩现象。此时，就要顺应其势，使肌体进行一些适合力学性能的动作轨迹。假如在站矛盾桩的过程中，肢体为了适应内劲趋势而出现自序化的间架调整，我们就应以新桩式作为试力的起始态。此时自序化的桩功架间，可能更利于内劲的随意性溢出，我们就可根据这种趋势作为引发势，使肢体进行空间的位移动作。

四、随意性发力训练

所谓随意性发力，就是不受任何形式限制，无论肢体处在何种位置，均能产生有效打击的发力。虽然经过常规的训练，能掌握一定的发力形式（如穿透力、二争力等），但在技击的特定状态中，肢体不一定正好处在合适的发力状态，在此情况下，打出的力量会大打折扣，这种现象我们常称为破体。为了避免破体，就必须具有随意性发力的训练。

随意性发力训练的途径有两种。

1. 自然性试力下的发力

按某一桩式站好后，当有了欲发性的内劲后，既可进行自然性的试力，也可根据力的趋势，包括对力的大小与方向感受，使其随意而发。

比如，我站桩的姿势为：下肢为右丁八步，两手置于身前，左拳心向右，右掌心向左或斜向前下方，十指略呈弯曲状（图390）。当站此桩产生了腰背肌群收缩后，即可自然的体认此种效应，若此种效应向右肩右臂传递时，就可根据其传递的最佳趋势，将其劲力发出，如果这种趋势是一种向前发放的欲望，我们即可使其向前试之，或向前发之。（图391）

2. 多体位发力

不同体位状态的发力，即为多体位发力，训练时，可做一些空推手的动作，在两臂运行的过程中，寻求多种体位状态，并以此为基点，发出各种性能或多种方向的力。

例如，在练习双推手的轮轴中，当左拳在后，右拳在前的位置时：（图392）

（1）使右手以拳或掌的形式向前发力。（图393）

图390

图391

图392

图393

（2）左手以拳或掌的形式向前发力。（图394）

（3）使两手以拳或掌的形式向前发力。（图395）

（4）以右肘为力点使右肘向右发力。（图396）

（5）两拳或将两拳变掌向下或向上发力。（图397）

（6）以两腕为力点向内发力。（图398）

（7）以两腕为力点向外发力，也可在发力的瞬间将两手展开。（图399、图400）

图394

图395

图396

图397

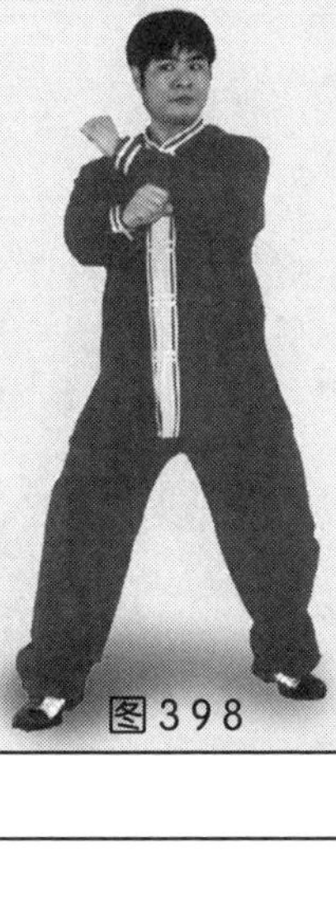
图398

图399

图400

3. 模拟实作发力

除了在推手中寻求多体位发力外，还可采用假想实作的方法进行训练。所谓假想，就是要意中有敌，在与敌周旋的过程中，设立不同的攻防模式，并以此作为发力的起始点，打出各种不同的力量。

例如，我先以两脚运步的方式与意中之敌周旋，设敌用左拳向我击来，我左臂配合右臂向上撑之（图401）。在此体位下：

（1）右臂右拳发二争力。（图402、图403）

（2）两臂两腕发浑元力。（图404、图405）

（3）两臂两腕发放右向螺旋力。（图406）

图401

图402

图403

图404

图405

图406

又如：设敌用右拳向我击来，我以左腕向右下方缠化其右臂，同时，右掌向下再向左前方发鞭力。（图407～图409）

图407　图408　图409

第五节 胆量素质训练

以上所举各例只是多体位中极少的一部份。由于断手状态变化太多，不可能列举所有的多体位发放形式。望习者能从中得以启迪，以便寻求适合自己的随意性发力模式。

宗师王芗斋先生在《意拳新编》中指出："畏心存则悔，敌前先自怯，怯敌者必败。所以习拳者平日练习求精熟，临阵时手软身颤，举艺不起，此必缺勇气而丢实功也。有实功而得其艺者，当临阵无畏也。"无论是何种形式的技击方式，要想获胜，首先必须消除胆怯，以饱满的精神、十足的信心面对一切对手。只有这样，才能使功力素质和技术素质得以有效的发挥，尤其是对于某种特殊的断手形式。如为了人民利益，为了国家的财产与安全、为了协助人民警察捉拿罪犯，更要挺身而出，义无反顾，不能存有丝毫的怯敌之意。

一、制胜的心理条件

所谓心理素质，即断手所需要的把握和调整心理状态的能力。心理因素直接影响着身体、技术和战术的发挥。欲使自己在断手中获胜，必须要具有以下3个基本心理条件。

1. 心理能量

心理能量，即我们通常所说的精神力量，它对人的心理活动和强度起着重要作用。如果心理能量处于高能量无应激的积极状态时，就会头脑清晰，身体灵活，肌肉放松，情绪稳定。相反，若心理能量处于匮乏状态高应激状态时，动作会明显迟缓，肌肉紧张，情绪不稳。

2. 动机强度

习拳者的动机会直接影响着其行为的数量、质量和方向。低强度的动机水平，机体活动效率较低，中等强度的动机效率较高，而过于强度的动机反而使效率下降。动机的出现有时是瞬间的，比如路见不平挺身而出见义勇为，此时的动机就是伸张正义保护弱者。有时的动机会有一个时间段，比如，与拳友约定何日比武，在正式交流之前，我们的动机就是要争取打败对方。

需要说明的是，我们的动机必须是纯正的，不能有任何不良动机，若动机不纯，不论其强度如何，则会脱离武术宗旨，必然会走向邪恶。所以，只有那些正义的动机，才能激励自我斗志，才是习武者所提倡的。

3. 克服过度紧张

断手中，适度的紧张情绪可以调动肢体的机能，但过度的紧张则会不利于技术的发挥。

（1）紧张源

指来自内部和外部的紧张条件。比如，在异地遇到技击挑战，可能会因人生地不熟造成紧张，即为外部紧张源，赢得输不起；怀疑自己，害怕对手，则为内部紧张源。

（2）紧张状态反应

包括生理反应、行为反应和认识反应。如血压升高、心跳加快即为生理反应；肌肉发硬、运动能力下降等则为肢体行为反应；注意力分散或过度集中，消极思维控制感受则为认知反应。

当产生过度紧张情绪后，要保持清醒的头脑，要认识这种紧张的危害性。首先要知道，无论在何地遇到了必须出手的场合，只能靠智慧靠实力战胜对手，任何担心与疑虑是不能解决问题的。此时，可有意的放松一下身体，也可稍做一下深呼吸，使身体保持较佳的应战状态。

二、胆量的培养与训练

《大成拳论》对神意方面的要求为："技击之站桩，关键在于空灵均整，精神饱满，神如雾豹，意若灵犀，具有烈马奔放、神龙嘶噬之势。"王芗斋先生还指出："技击在性命相搏，一方面而言，则为决斗，决斗则无道义，更需要抱定肯、忍、狠、懂、稳、准六字要诀。且须抱有同死决心，若击之不中，自不能击，动则便能致其死，方可击之。"这些要求对胆量的培养与训练具有重要的指导意义。

1. 精神假借

所谓精神假借，就是训练精神力量（心理能量）的过程。先选择某一站式桩功，如虎抱头桩、抓球桩、高级矛盾桩等（也可选图410的练法）。

图410

站桩时，周身放松，在此前提下：

（1）意感10厘米以外，20厘米以内有劲敌当前，与敌较量，无所畏惧，我如入无人之境。

（2）假定虎豹当前，蓄势对搏，力争生存之情景，须以大无畏之精神而应付之。

（3）假定在对搏过程中，进行某种单操手或连环技法的想象，使大脑皮层中留下技术"痕迹"，以便动作趋于自动化。比如，设想敌用右拳向我击来，我立即以左臂迎挂，以右臂砸敌面部，如此反复假借，可使头脑中的想象变成断手中的活力。

（4）可在站桩的过程中，观看有关武术打斗场面的光碟，也可观看搏击擂台赛或散打比赛的光碟。在我身心放松的情况下，假设自己处于打斗或参赛的一方，好似自己进入搏击之状态，让大脑进行各种模拟性的攻防技击动作。

（5）当站桩进入较为宁静状态后，耳边好似响起老师的谆谆教导，如：习武之人要有勇敢精神，不被困难所吓倒，要蔑视一切敌手；也可设想自己要以武林前辈为榜样，学习他们不屈不挠的高贵品质。如此训练，可培养自己的坚定意志和信心。

2. 眼神训练

眼睛为心灵之窗，若能训练出炯炯有神的目光，或非常状态的威杀之光，则必然会增加技击的胆量威慑对手。例如，当一罪犯与人民警察相视时，常会被人民警察的正义目光所震慑。

图411

先选一桩式，再选择一目标，如远处一棵大树、一座高山等，我以双目微微凝视之。开始时，不要追求太长时间，当两眼不适时，可微闭双目休息一下，而后再练习，以至能较长时间的盯住目标而不疲倦。（图411）

过一段时间后，可把凝视的目标变为一不太强的灯光，在凝视过程中，双目要有吸收灯光所发光子能量之意，久之，好似我之目光与灯光融为一束之光。

清晨，太阳将要升出地平线时，如同一个大红球，我们也可对此做凝视训练。

需要注意的是：一旦太阳离开地平面且变为白光时，则为强度之光，此时不可再进行练习，以免损伤双眼。即使凝视的是大红球，也必须有相当基础才行，而且训练的间隔尽量缩短，稍加凝视，即可微闭一下双眼。由于太阳处于大红球的时间较短，所以每次训练也不会有太长时间。按照类似方法，也可在傍晚对快要落入地平线的大红球太阳做凝视练习。

3. 开阔地带试声

在开阔地带或高山之上，取一技击桩，当桩功深厚时，可很快出现呼吸减慢的现象。继之，便可进入逆式呼吸的状态，即吸气时下腹凹陷，上腹充实隆起，呼气时下腹充实隆起，上腹隆起消失，此时自身的内劲可能达到最佳的充盈与鼓荡。在呼气的同时可选择某个字音进行试声，如选择“啊”，“依”等。（图412）

图412

如此训练，既可补试力不足，又可激活身体机能，在此状态下以内劲的动力进行发声训练。但不论试声还是发声，都必须要将自己的“内劲”或“内气”化为动力，所试所发之声要随内劲的溢出而发，其声要在旷野回荡，使闻者有畏惧之感。

4. 适当的静功

静功对生理方面的影响是：可使植物神经系统机能得以调节，全身骨骼肌紧张度下降，呼吸频率减慢，血压下降，头脑清晰，心情愉快，全身充满活力等。

训练静功时，可选择站式或坐式，但无论姿势如何，均不必过分追求入静，要使身心自然而然的进入祥和松适、安逸处静的状态，此时可有效的激发内气，聚集能量，修为身心，培养大无畏的浩然胆气。

为了能更快的进入静功境界，在桩功的初始，可配合一些有助于肢体放松的诱导动作。比如，在坐式时：

（1）将两掌稍在膝上抬起，左手在下，掌心向上，右手在上，掌心向下。然后，做顺时针或逆时针的划圈动作各3～7次。也可做左手在上，右手在下的类似练习。

（2）将两掌在身前抬起，掌心左右相对，然后做外拉内合动作3～7次。

5. 经验积累

经验积累也是必要的，一个人习武也许一生不曾有过搏击的经历。如何才能积累技击经验呢?我们不可能随便找个人作为攻击目标，当然生活也不可能经常给你创造技击的条件，当具有一定的实作能力后，可经常找拳友进行技击交流，也可在有条件的前提下参加擂台比赛，虽然这种交流与比赛有别于实作，但它毕竟能为实作提供借鉴性经验，有了足够的经验，才能艺高胆大。

第六章
大成拳断手基本技术

大成拳没有固定套路，为了获取技击手段，设立了一系列的基本技击动作。如：三拳、四脚、五形、六要、七诀、八掌、九合手、十爪、十一法、十二腿、十三击、十五打、十六节、十八式等；以及诸多名目的对用方法，如：接手圈捶、倒挂削掌、驼形炮拳、缠手靠打、转环蛇形脚、老僧稽手单双打、龙形打、虎式击、旋天四妙手等等，均来源于拳学技击基本功法以及不同具体形式的配合、变化和变形运用，其法之多，不胜枚举。但千变万化不离其宗，学练者切忌死学种种具体用法和固定招式，认为多知一方法多学一招式就是长进。这种受制于招术、方法，使用套路之术的做法，有失大成拳“一法不立，无法不容。拳本无法，有法也空”的拳学要知。王芗斋先生在《大成拳论》中明确指出：“用力则力穷，用法则法罄。凡有方法，便是局部，便是后天人造，非本能之学也。”其实习者如能从拳学原理、原则和基本功法入手（大成拳功法是指要领、要求和练用范围，非招法之法），操存体认，掌握要领，不失原则，突出神意，于功法之间配合练用，体认变化之机，应势而作，应机而用，自会明析一通百通的拳学奥理，其所谓定势、定法诸多具体招式用法和对用之术，自会引申而出，引发而用，融汇贯通，不学自会。

第一节　单操手

大成拳单操手是各种具体实作方法的训练，凡是通过大成拳基本功练习，具备一定基础者，均可进行单操手训练，并在实作中推出新的方法。大成拳单操手有劈拳、崩拳、钻拳、炮拳、横拳、龙形、虎形、蛇形、豹形、鹤形、削掌、腋掌、塌掌、圈锤、栽锤、夫子揖首、踩子脚、穿裆脚、转环脚、侧身腿、蛇形脚等21势。本书第三章——第一阶段训练书详尽介绍了圈锤、劈拳、炮拳、扇掌、金刚膝等5势的操作方法和模拟训练，下面介绍崩拳、虎扑、削掌、腋掌、栽锤、穿裆脚、蛇形脚、转环脚等8势。

一、崩拳

两脚呈丁八步，两拳眼向上，左拳在前，护住自己胸窝部位，右拳置于右肋前约10厘米距离。在上身稍向右旋转的同时，以肩胯力量催动右拳向前出击，左拳随之下落至左肋前；然后，在上身稍向左旋转的同时，左拳在肩胯的催动下向前击出，右拳随之下落至右肋前。如此反复练习。（图413 ~图415）

【技击作用】主要用于打击对方胸部、腹部或肋部。

【意感活动】设想自己前方有一棵大树，拳如飞弹，每一次进击，都将树身穿透。

图413

图414

图415

二、虎扑

两脚呈丁八步，上身略呈斜面，两肩放松，胸窝微含，两掌在身前分开，高于头齐，掌心斜向前下方，与头部距离约 30 厘米；然后，两掌缓缓向前下方做扑打动作；当两掌下落至腹部相齐时，再使两掌弧形上抬至原位。如此反复练习。（图 416 ~图 418）

图 416　图 417　图 418

【技击作用】主要用于扑打或扑放对方，如对方用拳打来或用脚踢来时，我可避其拳脚，向其扑打。

【意感活动】设想身前有一剽悍敌手，我若猛虎，向其扑去；或设想前方有一堵墙，双手向其扑去，使之倾刻土崩瓦解。

三、削掌

两脚呈丁八步，左右式均可。右臂伸直，掌心斜向前下方，五指分开，与颈部相齐，左掌置于右肩前约半尺距离，掌心斜向右，虎口斜向上。然后，上身左转，右掌向下经腹前弧行运行至左肩前约 15 厘米距离，掌心斜向左，虎口斜向上，与此同时，左掌向左做平行的弧形削掌动作；此后，再使上身右转，左掌向下经腹前弧行运行至右肩前的原始状态，与此同时，右掌向右做平行的弧形削掌动作。如此反复练习。（图 419 ~图 422）

图 419　图 420　图 421　图 422

【技击作用】主要用于削打对方耳门、颈部、肩部、背部等。

【意感活动】设想我身后有一木桩，我旋转身体运掌砍削时，将木桩砍断。

四、腋 掌

两脚呈丁八步，左右式均可，两臂与自身约成60度，十指分开。然后，左掌弧形上行至右肩部位，掌心斜向右后方，右臂边外旋边向右开，掌心向前，此动不停，在我稍向左转身之际，以腰带动右小臂使右掌向前方击出，掌心向上；然后，左掌向左下方落下，掌心向前，右掌向后回至左肩部位，掌心斜向左后方，此动不停，在我稍向右转身之际，以腰带动左小臂使左掌向前击出，掌心向上。如此反复练习。（图 423 ~图 426）

图 423　图 424　图 425　图 426

【技击作用】主要用于击打对方腋部、肋部或腰部。

【意感活动】设想前方左右各有一木桩，我以双掌分别击之，将其击断。

五、栽锤

两脚呈丁八步。以左拳护住自己面部，右肘吊起，以右肩带动右肘，右肘带动右拳，由上往下做弧形的下栽拳动作，拳眼向外，拳心向后；待右拳与自己小腹相平时，将拳上吊至原位。然后，再做第二个栽拳动作。如此反复练习。（图 427 ~ 图 429）

以上是右式栽拳的练法，左式栽拳与此类似。

图 427　图 428　图 429

【技击作用】前手主要用于格挡对方进攻的手臂，后手主要用于栽打对方胸部、胃部或腹部。

【意感活动】设想我身前有一个 1 米高的木桩，我用拳栽打时，犹如重锤将木桩打入地下。

六、穿裆脚与蛇形脚

1. 穿裆脚

下肢呈丁八步，两手左右分开，与自身约成 80 度，两肩放松。然后，将身体重心移至左腿，抬起右膝，以胯部带动右膝用右脚向前蹬出，足心向前，待右脚向

右前方落地后，将身体重心移至右腿，再抬起左膝，以胯带动左膝用左脚向前蹬出。如此反复练习。（图 430 ~图 432）

图 430　　图 431　　图 432

2. 蛇形脚

在做上述动作时，勿使膝关节抬起，而使左脚或右脚擦着地面向前踢出，则为蛇形脚的练法。

【意感活动】穿裆脚的动作较高，主要用于蹬踢对方裆部或腹部；蛇形脚的动作较低，主要用于踢对方两小腿的迎面骨。练习此种单操手时，可设想身前有一碗口粗的木桩，我用脚蹬之或踢之，使其断裂。

3. 模拟性对靶练习

（1）我站于树前或木桩前（树身或木桩用海绵包裹），用左脚或右脚不断蹬踢。

（2）让对方身穿护具、护裆、护腿，我上步用穿裆脚或蛇形脚蹬踢对方。

（3）让对方做各种躲闪动作，我用穿裆脚或蛇形脚对“活靶”蹬之或踢之。

七、转环脚

下肢站成左丁八步，两手高举护住头部，左脚稍往前垫步，左脚落地后，使身体重心移至左腿，在我上身略往左后方转动时，提右胯带动右脚由右外侧向内做弧形的勾踢动作；与此同时，两手向外分开（图 433、图 434），右脚落地后，将身体重心移至右腿，两手回收，护住头部，在我上身略往右后方转动时，提左胯带动左脚由左外侧向内做弧形的勾踢动作；与此同时，两手向外分开（图 435、图 436）。两脚如此反复练习。

图 433　图 434　图 435　图 436

1. 转环脚的技击作用

在进行上述练习时，也可先单独在原地练习左脚或右脚的勾踢，待动作熟练后，再做完整的转环脚动作，转环脚的作用在于：

（1）勾绊对方下肢。

（2）从对方正面踹踢其胸部或腹部。

（3）从对方后面踹踢其背部或腰部。

（4）从对方侧面踹踢其肋部。

2 转环脚的模拟性对靶练习

（1）在地上埋一木桩，我用脚勾拉之；也可让一人站我身前，我用脚勾拉其前腿。

（2）我立于沙袋之前，然后转身侧踢之；也可让人手拿脚靶，我用单式的转环脚踢之。

（3）让一人身穿护具，并做各种躲闪动作，我从不同的角度用转环脚或勾或踢对方。

第二节　金龟出水的练与用

金龟出水是大成拳试力的主要形式之一，试力时身、手位高位、上下、左右的动作犹如龟出水面之形态，故名。金龟出水试力是大成拳习练者比较重视的重点功法，它既可锻炼腰部的灵活性和身体的柔化之力，又有助于获得大成拳中的缠绵力、弹力、整体力、二争力等，其试力动作形式还具有较强的技击效用，因此，金龟出水也是一种行之有效的单操手练习。

一、金龟出水试力的要求

金龟出水试力时，手臂的上、下、左、右、前、后的上提下按，与身体的前、后、左、右、起、伏之间，应注意协调配合。手臂向上，身体则向上；手臂向左，身体则向右；手臂在前上，身体则在后下。手与身不同步，动作方向相反。手为先动，则身为随动；而身为先动，则手为随动；一动一随相辅为用。

金龟出水动作配合较为复杂，所以应神松、意注、缓动、自然、协调。初练时应注重形体与动作的正确；在形到之后，应多重神、意的内含以及与外物的关系。日久自有金龟出水之神韵，在浑厚、沉实中含自然潇洒。在练金龟出水时，须经由以下 3 个阶段。

1. 先在慢中求体会，而后要加快动作训练，进而再慢、快相间，快如瀑布湍流，慢若行云流水。

2. 待有基础后，可在试力的同时进行力的发放训练，以求力能随时随地应感而出。

3. 试力完全熟练后，要做一些模拟应敌的假设训练，以求实作时的搏击攻防能力。

二、金龟出水的练法

1. 金龟出水的定步练法

下肢站成左丁八步，左手在前，右手在后，两手相距约一头宽，十指斜向前上方，掌心向下；然后，两手由胸前向左前方缓缓推出，待两臂快要伸直时，手腕外旋，两掌心相对。在两手高举过头的同时，胯向下坐，降低身体重心，两手继续由头顶收回与肩部相平；继之，两手腕边内旋边按至胸前部位，上身亦随之慢慢直起，再使两手向左前方缓缓推出（图 437 ~ 图 439），如此往复不断。

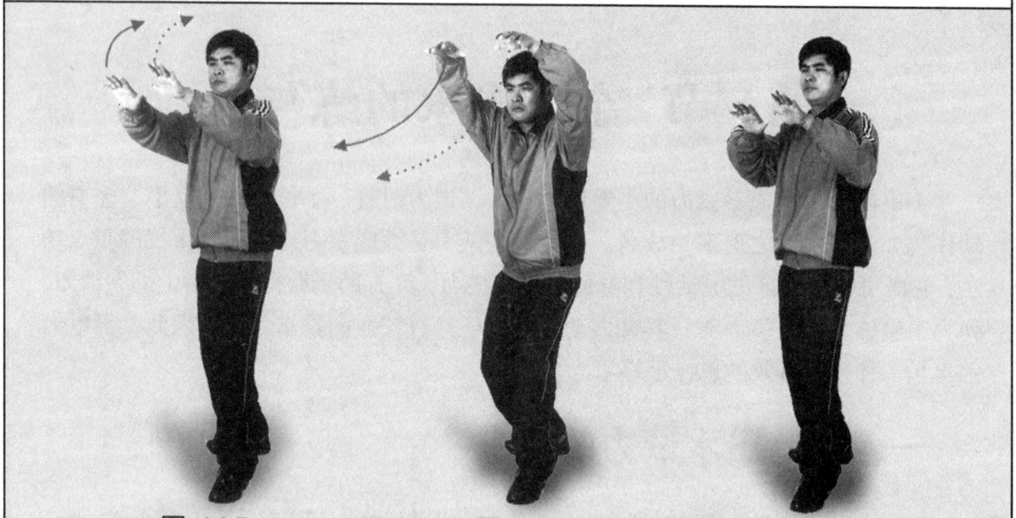

图 437　　图 438　　图 439

若右脚在前，则为金龟出水的右式练法。右式练法基本同左式。

2. 金龟出水的活步练法

先取左丁八步，在两手高举过顶并使手腕内旋之后，将身体重心移至左腿，右脚抬起，由左脚内侧向右前方迈出一大步，成右丁八步；同时，两手下按至胸前，左手位于右手稍后，上身随之直起，两手向右前方缓缓推出；然后，两手腕外旋，掌心相对，两手高举过顶；同时，胯向下坐，降低身体重心，两手继续由头顶收回与自己肩部相平；两手腕边内旋边下按至胸前部位，并使右手略后于左手；与此同时，将身体重心移至右腿，左脚抬起由右脚内侧向左前方迈出一大步，成左丁八步，再做左式的金龟出水试力。如此往复前行不断。（图 440 ~ 图 443）

【意感活动】设想两手托圆木，慢慢向上举起，向前推时，如推水中大木球，全身动作犹如巨龟在波浪中起伏。

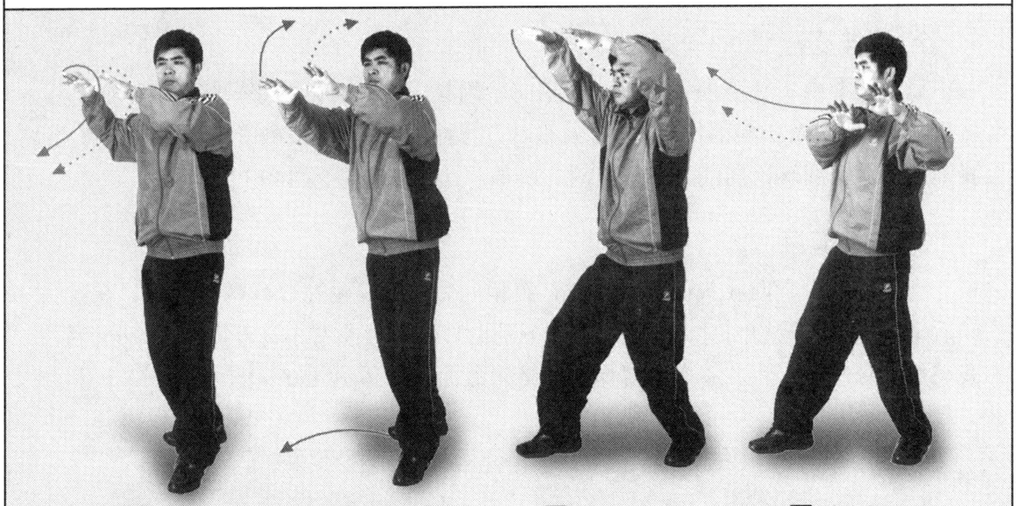

图 440　图 441　图 442　图 443

三、金龟出水在断手中的应用

1. 架拨崩打

敌用右直拳向我击来，我迅速以右臂架挡敌右小臂；然后，右脚向右前垫半步，在我上身右转的同时，降低身体重心，并使手腕内旋，以小臂内侧向后方拨挂敌右臂，将对方牵动到我右侧之时，左手以崩拳之势猛击敌背部。（图 444 ~ 图 446）

图 444　图 445　图 446

2. 撑挂劈打

敌用两拳由上往下向我砸来，我稍向后闪身，并同时以两小臂接敌两手腕部；然后，以我两腕及指根部位向上、再向右后方撑挂敌方两臂，使敌受震动而失去重心，我则突然双掌回转，向前下方劈打对方胸部。（图 447 ~ 图 449）

3. 分挡炮打

当敌用左直拳向我头面部击来时，我稍向后闪身，迅速以我两臂相迎，在我胯向后坐、身向右转的同时，以两臂外侧分别向外磕击敌左右小臂，将其双臂分挡后，我突然上身左转，将左掌变拳以炮拳之势击敌面部。（图 450 ~ 图 452）

图 447 图 448 图 449

图 450 图 451 图 452

4. 拿肘削打

当敌用右掌向我胸部推来时，我稍含胸，并以右手抓敌右掌，向内折拿，左手托按敌右肘；然后，胯向后坐，身向右转，两手同时向右拉拿敌右肘，使敌关节受制向后挣扎；待敌起身后，我迅速使上身向左回转，左掌以削掌之势猛力砍击敌颈部。（图 453 ～图 455）

5. 旋体迎打

当敌用左直拳向我击来时，我稍向左闪身，同时，以我右臂向右磕挡敌左小臂；然后，右手腕外旋，以右掌用力抓握敌左小臂内侧，左手扣按敌左肩部位；继之，两手同时向右后方旋挂敌上体，迫敌重心不稳或向后挣扎，我迅速将左右两手变拳分别迎面击打敌胸部与面部。（图 456 ～图 458）

图 453

图 454

图 455

图 456

图 457

图 458

6. 推颏绊摔

当敌用右直拳向我击来时，我迅速以右臂向右磕挡敌右小臂，并用右手紧抓敌右手腕部，左手推按敌右肘关节部位，在我降低身体重心、身向右转之际，两掌同时向右后方引拿敌右臂；然后，右掌突然向前推拿敌下颏，右脚上步至敌右腿后方，用力绊敌右腿，将敌摔倒。（图 459 ~ 图 461）

打中就是设法打中对方，不然的话，即使功力再高，招法再妙，也只能是徒劳之力，无用之法。因此，欲收到良好的打击效果，就必须提高命中机率。

图 459　图 460　图 461

第三节　打中与打不中

一、打中的条件

要想打得准，招招必中，其前提如下。

1. 敏锐的观察

要有良好的智能，善于观察战机，一旦发现有进攻的机会，决不犹豫，应立即施展打击之法。

2. 动作神速

出手的迅速起到至关重要的作用，当捕捉机会后，即以闪电般地速度出击，使对方尚未清楚是怎么回事，即遭败局。

二、打中的训练

为了打得中，平时可进行击靶、打拳套的训练。让一拳友配戴拳套或手靶，位于我身前一定距离处，我以此为攻击目标，用不同的技法打击。

1. 对方站原地不动，并使靶标也保持不变的位置，我用炮拳或圈锤击打不动的靶标。击靶时，一方面要体验击靶的感觉，一方面要感觉力的效果。

2. 对方原地不动，使靶标向左、向右摆动，也可使之向后移动，我用炮拳击之，尽量击中。（图 462、图 463）

图 462　　图 463

开始练习时，常有击空的感觉。比如，对方的靶标向左移动时，可能会因为判断失误而向右击偏，为此要反复练习，以提高自己的判断力。

3. 对方进行步法移动，使靶标成为活动之靶。我则配合一些实战步法与身法，进行追靶的击打训练。此种训练不但能提高断手中的击中率，而且对提高自身的灵敏性、判断力和耐力也是大有裨益的。

三、打不中的训练

所谓打不中，是使对方打不中自己，使对手命中率为零。如果能做到这一点，不论对方块头多大，来势多凶，招法多狠，也会因为失去作用点而不会产生打击效果，为此，必须反应要快，身法要灵，步法要活。使对方打不住的训练有：

1. 我站原地不动，对方用炮拳向我击来，我立即根据拳的来势方位，进行向左或向右闪身，使对方拳锋落空（图 464、图 465）。

图 464

图 465

2.对方用炮拳或圈锤向我击来，我迅速降低身体重心，使对方来势成为空击。（图466、图467）

3.我与对方保持相互进攻的态势，当对方用拳向我打来或用拳向我劈来时，我迅速以垫步之势向后闪身，将其攻势引空。（图468、图469）

4.我下肢处丁八步，对方右拳向我击来。我两脚通过三角步的变换，使对方拳锋落空。（图470、图471）

打不中训练的初期，可让对方击打的速度适当慢一些，先从慢中找感觉，然后再让对方出拳速度逐渐加快，如果一开始出拳的速度就很快，可能会被击中而受伤。

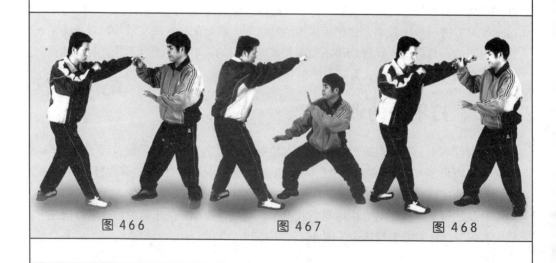

图 466

图 467

图 468

图 469

图 470

图 471

第四节　实战攻防训练

断手的形式虽然多种多样，但其目的就是战胜对手，其过程无非是防守与进攻。要使单操手与连环技法得以有效的发挥，就必须进行攻守训练。防守与进攻，存在着对立与统一的矛盾关系。只有防守有效，才能有利于进攻；只有进攻得手，才能使对方防不胜防。大成拳讲究的是攻防统一，所谓“顾即是打，打即是顾”。

一、防守反击训练

此种训练是使对方来势落空的前提下，打击对方。其特点为先守后攻，防守的方法有：闪身、撤步、堵截、牵挂等。下面略举几例。

1.对方右拳向我头部击来，我迅速向左闪身，然后以右崩拳之势打击对方肝肋部位。（图 472、图 473）

2.对方右拳或左拳向我击来时，我迅速降低身体重心，然后用右拳猛击对方心窝部位。（图 474、图 475）

3 对方用右腿向我踢来，我迅速向右闪身；同时用连环炮拳击打对方头部或胸部。（图 476 ~ 图 478）

4 对方用右腿向我踢来，我迅速向左闪身；然后立即上步，以右拳或右掌击打对方头部或背部。（图 479、图 480）

图 472

图 473

图 474

图 475

图 476

图 477

图 478

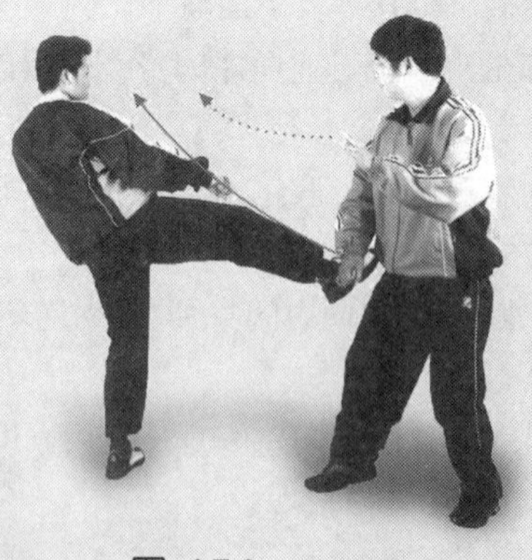

图 479

图 480

二、攻防同步训练

此种训练指的是在对方向我进攻的过程中，我在防守的同时，能有效的打击对方，是一种打顾结合的方法，其实用价值很高。

1.矛盾桩的应用

当对方用右拳向我击来时，我左臂似盾挡开对方右臂，右拳如矛猛击对方头部。（图481、图482）

图 481

图 482

2.缠臂下的崩炮应用

当对方右拳向我击来时，我稍向左闪身，用右腕缠绕对方右臂；同时，我左拳以崩拳之势击打对方肝肋部位，然后右拳再以炮拳之势击打对方头部。（图483～图485）

3.劈拳的应用

当对方左拳向我击来时，我迅速先用右式正劈拳劈开对方左臂，然后再用反劈拳劈打对方面部。（图486、图487）

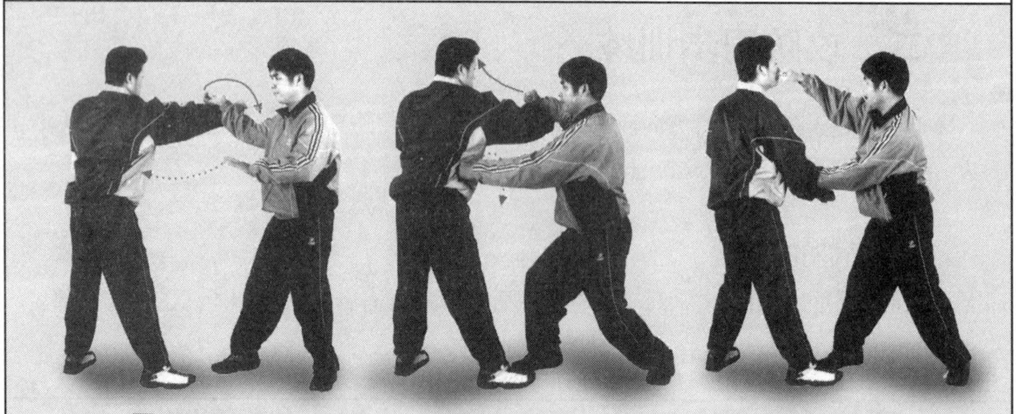

图 483 图 484 图 485

图 486 图 487

4.格挡下的金刚膝

对方用右拳向我击来时，我迅速用左臂格挡；与此同时，我右腿以金刚膝之势猛击对方心窝部位。（图 488 ～图 490）

5.横扫下的削掌应用

对方用右拳向我击来时，我迅速用左腕外侧向左横扫对方右臂，然后右掌以削掌之势砍击对方颈部。（图 491 ～图 493）

图 488

图 489

图 490

图 491

图 492

图 493

三、虚实训练

所谓“兵不厌诈”，在武术格斗中，通过真假虚实的动作，可分散对方的注意力，使对方搞不清我之动向，顾此失彼。先给对方一个虚假的击打动作，在对方分心或愣神的瞬间，我再用真实的招法以最大的劲力打击之。由于第一个动作并非真实的意图，应用时一定要突出“虚”的特征，不论是力度还是进攻的纵深度都要留有余地。不然的话，将会影响真正意图的打击效果。当然，如果我的虚假动作并没有引起对方的注意，则可以顺势将其演变为真实的进攻手段打击对方，即所谓“虚虚实实，实实虚虚，变化莫测，运用之妙，存乎一心。”

1.左虚右实

我先用左掌或左拳虚晃一下，然后用右拳击打对方。（图 494、图 495）

图 494

图 495

2.指上打下

我先用右拳向前虚击对方，待对方欲防守我右拳之时，我迅速提右脚向前猛踢对方裆部或腹部。（图 496、图 497）

图 496

图 497

3.指下打上

在我与对方对峙过程中，我迅速提右腿做欲踢之势，当对方注意我右腿之时，我实际上步用拳猛击对方面部。（图 498、图 499）

图 498

图 499

4.崩虚扇实

我先用左崩拳向前虚晃一下，然后右手以扇掌之势进攻对方。（图 500、图 501）

图 500

图 501

5.高虚低实

我先用左拳或右拳做出进攻的态势，使对方做出防守之势；然后，我突然降低重心，以低位的矛盾式打击对方心窝部位或腹部。（图 502、图 503）

图 502

图 503

四、触觉技击训练

在实际技击中，有时因为某种因素，可能会造成攻、防无效的情况。这时，应该根据自己的触觉感受，随时应变出不同的进攻策略或打击手段。

触觉技击训练的具体操作为：先用某一个单操手作为进攻的起始点，若对方防守成功，我可根据触点的阻力大小和方位情况，而再进行第二次、第三次或更多次的其他进攻，直至奏效为止。

1.用炮拳作为起始点的触觉技击训练。（图 504）

2.用劈拳作为起始点的触觉技击训练。（图 505）

图 504

图 505

开始进行触觉技击训练时，动作要由慢中体会，实际上此种训练是介于推手与实作之间的一种训练方法。随着触觉灵敏性增强，训练可逐渐加快，最后完全接近实作的状态。

五、沾粘训练

当对方向我进攻时，我以触点沾粘对方，使对方来势无处可施。沾粘的目的是为了引空对方，化解来势。它与单纯的防守区别是：单纯的防守往往以格挡为主，以硬碰硬；而沾粘的防守则是以缠化为主，在以肢体迎敌来势时，虽然对方感到触点很轻，但凶猛来势已化为乌有。

1.沾粘训练的要点

（1）在与对方形成触点后，可通过拉长触点距离沾粘对方，使对方来势落空。

（2）在与对方形成触点后，可通过旋转触点部位沾粘对方，使对方来势落空。

（3）当我躯干部位欲与对方来势形成触点时，我尽可能通过转身或微闪沾粘对方，使对方落空。

2.举例说明

⑴当对方用右拳击我时，我以左臂相迎，在我小臂外侧与对方小臂内侧接触后，即可使小臂边内旋边向后带，以化解来势力量；然后，我以右崩拳之势猛击敌心窝部位。（图 506 ~ 图 508）

图 506

图 507

图 508

⑵对方右拳击来，我稍向左闪身；同时，迅速使两腕触及对方右臂外侧，并向右轻轻引化对方；然后，右掌同时向左削打对方。（图 509 ~ 图 511）

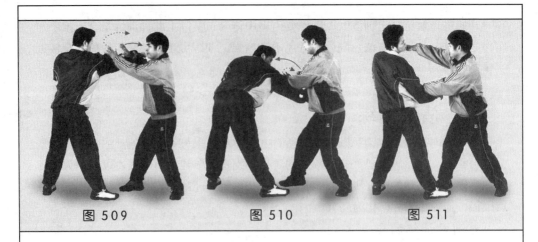

图 509　　图 510　　图 511

(3)对方用右拳向我头部击来，我稍向右闪身；同时，我迅速用两腕触及对方右臂内侧，并向左后方轻轻引化对方右臂右拳的力量；然后，右掌向右砍击对方颈部。（图 512 ～图 514）

图 512　　图 513　　图 514

(4)当对方右脚向我踹来时，我稍向后闪身，迅速用左右小臂以滚动方式缠扫对方右腿，使对方来势落空，并处于不稳状态；然后，我用右拳猛击对方腋窝部位。（图 515 ～图 517）

(5)对方右拳向我胸部击来，待其拳锋快要触及我胸部时，我迅速使躯干右旋；与此同时，右臂由上向右弧形缠化对方右臂，以此可消去来势力量；然后，以右圈锤之势击打对方耳根部位。（图 518 ～图 520）

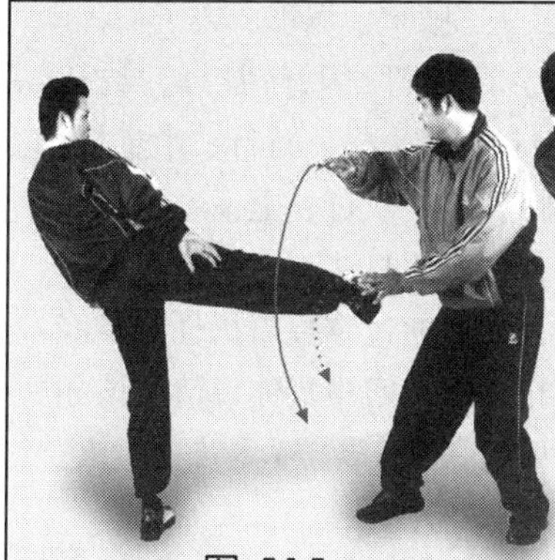
图 515

图 516

图 517

图 518

图 519

图 520

第五节　大成拳断手应敌要则

大成拳技击性很强，其主要特点是技击时能随心所欲地运用各种拳法，其所重者，在精神，在意感，神威当先。宗师王芗斋先生在《大成拳论》中指出：“一法不立，无法不容，拳本无法，有法也空。”大成拳从整体而言，空寂无为，一法不立；从实用而言，有感皆应，处处是法，无法不容，此即无定法之拳法也。大成拳无定法，意在反对固定的套用成法。大成拳的拳法，是一种总体的应用多变之法，此即大成拳的技击要则，其静如山岳之稳，其动似海潮翻浪，一静一动之间犹如虚空之风云，变化莫测，使人难施其技。

从形式上而言，大成拳有劈、崩、钻、横、炮、削掌、腋掌、塌掌、夫子顿首、穿裆脚、蛇形腿等各种技击方法，从具体应用上，则有提打、勾打、闪打、挂打、拂打、叠打、撩打、裹打、践打、截打、堵打、支力打、滑力打、借力打、捋打、半步打、整步打、引步打、跨步打、正面打、斜面打、正面斜打、斜面正打、上下卷打、左右领打、前后旋打、具体之片面打、局部之整体打等各种实用打法，但必须明确：这些打法不是固定的死法，更非以某招克某招之打法，而是通过掌握时机性和空间性的同时，随机应变，待机发拳。因作拳时，对方变化多端，很难具体说清应该如何实作，但就总体而言，在接近对方时，头要撞人，手要打人，身要摧人，步要过人，足要踏人，神要逼人，气要袭人，并要做到手脚齐到，全身齐动。

一、神威当先，目光逼视

所谓神威当先，这是对精神意感的要求，技击时，要神意放纵，不畏对手，大敌当前，精神饱满，神如雾豹，意若灵犀，具有烈马奔放，神龙嘶噬之势。在应用断手临危自卫时，对方就是敌人，必须置之“死地”而后快。如此，才能精神真，才能调动全身各部发挥最大效能，全力以赴。为此，平时训练时，即可假定有虎狼当前，蓄势对搏，我欲与之争存亡。

神威当先，还包括对“眼神”的具体要求。临敌时，目光要毒，含有慑人之光，在我与敌即将接触之际，突然注视对手，目光如电，逼视对手，使敌感到震骇，以瓦解其斗志。为了训练出这种慑人的目光，平时站桩，我可选择前方任一目标，眼睛一直盯着此目标，以至盯此目标能达到几分钟而目不斜视。

应敌时，与敌应尽力保持侧面，而不是以胸部正面向着敌方，这样头部也应相应侧斜，再以眼角的余光怒视敌方，怒视的位置应在敌印堂之处。

二、精神要真，力量要透

大成拳要求，无论是在技击训练中，还是在实作中，都应把对方当成真正的敌人，不可有半点虚假，必欲置之“死地”而后快，这就是精神真。只有精神真，才能以精神为统帅，调动全身各部，发挥最大效能，并可克服临场恐惧心理，全力以赴，应敌制胜。

其具体做法，可以采用假想手段。比如，在动手之前，可以假想对手是一个残害人民的凶狠罪犯，自己今日与他是狭路相逢，不是你死就是我活。影片《少林寺》中有一个场面：觉远与一个师兄弟练习对打，在他以一手拇指抵住对方哽嗓时，他的大脑中出现了仇人王仁则的面目，致使他力量顿增，下手更狠，险些酿成伤亡，

这可以说是通过假想手段而达到的精神真。（大成拳实作训练应该在功力相当的对手之间进行，最好使用护具护住要害部位）

所谓力量要透，就是说拳打在对方身上，力量透到其身体的另一面。大成拳动手不可虚假，要真打实砍，落点要准，力量要透。力量透需要增大手下的份量。

要想达到力量透，应在平时的训练上下功夫，训练的方法很简单，只要出拳时，意念放长一点就可以了。比如，我面对一棵大树做崩拳练习时，出拳目标是大树（注意，拳与大树应有一段距离，不可接触），而意念放在大树背后，或更远一点的地方，经过一定时间训练，自然能掌握透力。

三、守中用中，变化无穷

在推手过程中要注意守中用中的原则，在实作应敌时仍要遵循此重要原则。因为中线是人体的重心所在，丢掉中线，失去重心，就意味着失败。所以，必须全力护住自己的中线。守己中线的方法很多。

1.肢体格挡法

如对手以直拳向我胸部打来时，我可用小臂进行格挡，使敌进攻偏离我中线位置。如此，才能在保护我中线位置不被破坏的情况下进行还击。

2.步法调整法

如对手以一记重拳击来时，我应迅速利用步法调整，通过快速整体移位来恢复我中线的正确位置。

在守己中线的前提下，尽量控制并打击敌方的中线部位。可根据具体情况随机变化，在变换的同时，伺机打击敌方，无论是拳打、脚踢、头撞、肘击等等，均无不可，我打击的目标始终是敌中线位置，使敌时刻受我威胁。比如，我以单掌向对方心窝部击去，如果对方来不及格挡，我的掌自然打在对方中线上。如果对方以臂膊格挡，我掌触在其臂膊上，意念力量则应透过去打在其中线上。

在技击过程中，我突然进身，站到对方站立的位置上，或者进步跨过对方的立足点，将对方挤出，这就是夺位。

夺位的方法主要用于放人，需要手脚并用。比如，对方以左掌击我胸部，我以右手按住对方左臂，顺势以左掌贴在对方的胸口上，肘部骤然弯曲，同时以左脚突然插入对方裆中，造成对方后仰失重，两臂同时发力，将对方扔出，这就是夺位的应用。

夺位的目的就是造成对方失重，再配合其他方法以更有效地打击对方。

四、连续击出，进攻不断

实作时，有时一招一式难以制胜，我可用不同的招法或打法连续不断地向敌进攻，直至把对方打倒或失去战斗力。常用的连续出击如下。

1.单纯性连续出击

应敌时，我可用某些单纯性的进攻意识连续打击对方。例如，我用一个炮拳打在对方身上时，则不管它效果如何，可再以第二个、第三个炮拳连续不断打在对方身上，或我右手以一个圈锤打在对方身上后，再以左手劈拳劈打对方，然后又用右手崩拳打击对方腹部。此即为你打你的，我打我的，我拳轮轴般地不停进攻。

2.随机性连续出击

实战时，由于双方均处于不断变化的位置，所以有时进攻难以奏效。此时，我可进行随机性连续出击，就是根据实战时局势所发生的变化，随机应变出不同的进攻方法，连续出击。

3.集成性连续出击

就是把大成拳中各种打法和推手中一些方法，以及发力的某些方法综为一体，将“打”与“放”进行有机结合，互为变化，连续出击。

五、心狠手准，力量互用

大成拳对应敌的要求是：“心要狠，手要准。”心不狠不可，心狠才能手狠，手狠还要手准，动手不可虚假，要真打实砍，落点要准。为此，还要善于运用大成拳的各种力量。如整体力、二争力、穿透力、鞭力、弹力、缠绵力、吞吐力、惊力、螺旋力等。穿透力是一种打在胸部而穿透到背部的力量，可以增加手下的分量，对于其他各种力量，只要能科学地加以利用，均能发挥较大的威力。以下略举两例加以说明。

六、审机度势，借力打人

此项原则与太极拳的“借力打力”的要领有类似之处，然又有区别所在。审机度势，对于应敌亦为重要，若能顺人之势，借人之力，用之于人，则会收到事半功倍之效，甚至给对方造成致命的打击；所谓审机度势，就是要有效地把握作拳的时间性、空间性和随机性，借力打人要恰到好处，要掌握好作拳的“火候”。常用方法有以下两种。

1.借力迎打

即借助于对方进攻时冲撞力，再施加给对方以相反的力。一个人如无意撞在木棍上，或头部撞击在墙上，必然会受到一定的损伤，如果在木棍上再施加一个迎着他的力，情况就更可想而知了，这一点与太极拳的借力打力是完全不同的。使用借力迎打时，要避敌锋芒，同时又迎着对方打击。

2.借力顺打

即借助于对方进攻时的惯性力，再施加给对方以方向相同的力。这一点与太极拳的借力打力有相似之处。

七、硬打硬要，承接对换

这是大成拳技击的一项非常重要的原则方法，可以说，它从根本上表现了大成拳的技击风格。经过自己的刻苦学习，自身的抗重击能力会大大增强，加之应用时的本能反应以及整体力量的高度配合，就可应用此项原则方法。

所谓硬打硬要，就是不管对方怎样出拳动脚，我都迎之而上，堵着对方力量，向其中线进击。你打你的，我打我的，不必考虑攻击对方的部位，只向其中线进攻，触到何处，即打何处。运用此法时，应做到神如猛虎下山，势如蛟龙出洞，威风凛凛，不可一世，从气势上震住对方。

比如，对方以左直拳向我面部打来，我起右拳还击，右小臂弯曲大约 90 度，以小臂外侧向对方中线部位冲击，我可能击中对方左小臂，也可能击中其左大臂，但这不必管它，只求我的力量能打到对方身上。

所谓承接对换，就是对手用拳或掌向我进击时，我不躲闪，用身体承受对方打击，同时再以闪电般的速度打击对方。由于承接对换属于近距操作，只要应用得当，会收到意想不到的效果，既能威慑对方，又能予以重击。需要注意的是，承接部位不是头面部五官及其他要害部位，而是胸、腹或其他部位。承接时我所承接的部位要骤然收缩，同时身体某些部位要相应倾斜，以减少来势力量。对换不是等价交换，应利用对手全力攻击无暇回防的机会，运用冷、脆力量痛下杀手，给对方以重击。

比如，对方以右直拳向我左胸击来，我则以左胸相迎，当其右手将要触及我胸部时，我身体略向左后方倾斜，上身至腰部向前倾斜，以减弱对方右拳力量，同时突然起右拳向对方面部或左肋猛击。

第七章 大成拳断手连环技法

大成拳连环技击是各种单操手进行合理的有机的组合，从而产生一系列连环技击动作。连环技法包含了多种组合打法，这些组合打法不是机械的、孤立的组合，一经组合，即是一个整体，每一个连环动作，即是一个小的循环，这与其他拳的组合动作有着本质的区别。

对于大成拳连环技法的应用，依据其具体使用特征，有以下 3 种情况。

（1）直进性连环应用

这是对大成拳的“硬打硬要”技击法则的具体应用。实作时，有人当无人，神如饿虎扑食，势如蛟龙击水。不必考虑对方如何出拳动足，以我灵活多变的手法连环不断地打击对方，一环紧扣一环，使对方防不胜防，直至把对方打倒或使其失去应搏能力，大有致其于死地方才罢休之势。欲达此目的，平日训练时，务必要熟练地掌握各种连环技法的实作动作，应用时才能得心应手。

（2）受阻性连环应用

即指我主动进击而受到对方阻击的连环应用。由于实作时双方的力量、素质、时空等因素影响，我用某一种技击手法向对方进攻时，可能会因对方躲闪、撤步而落空，或因对方格挡、挑拨而使我进攻难以奏效，此时，我应因势利导，连锁般地应变出不同的进击招法打击对方。

（3）防御性连环应用

即指我被动还击的连环应用，当对方进击我时，我应迅速对其来势的力量、速度、方向作出正确的判断，进而利用连环技法的有效环节进行防守，要求防中有攻，攻防兼备。当我将对方来势引空或有效地阻击对方某一招式进攻后，再立即以其他进攻环节连续不断地打击对方。

第一节　大成拳断手连环技法歌诀

当连环技法纯熟后，则不必拘泥形式，要善于举一反三。临战时，应凭借我本能触觉之活力，发手之间，不假思索。在各种连环技法的训练方法中，一般是以左式或右式为例介绍的，另外一式只是方向相反。现录大成拳连环技法的总体歌诀如下，请读者认真研习、体悟。

圈锤扑放如雾豹，炮拳崩打若灵犀。上下合掌风摆柳，
前后领打势卷席。左右圈打侧身脚，正反劈拳迎面锤。
剪掌铰颈足蛇形，刀手顶膝手似戟。劈拳穿裆及裹打，
缠手钻额掌旋飞。乌龙出海透背拳，白蛇吐信鹤形腿。
斜劈反扇连环崩，弹踢下砸钻拳击。

第二节　大成拳断手连环技法精解

一、圈锤扑放如雾豹

这是对左右圈锤与豹形的连环应用。练习时，下肢呈右丁八步，上身略呈斜面，两手空握拳，随上身右转的同时，左拳由左下方向右上方做圈锤动作，至头前约一尺距离处。之后，再随上身左转的同时，右拳由右向左做圈锤动作，至头前约一尺距离处，左拳稍向后拉。继之，将身体重心略前移，两腿略弯曲，两拳变掌向前下方做虎扑动作，此动不停，右脚前进半步，左脚紧跟半步，再向前以掌根部位向前做撞击动作。然后，再由左手开始做第二个连环动作。（图 521 ~ 图 524）

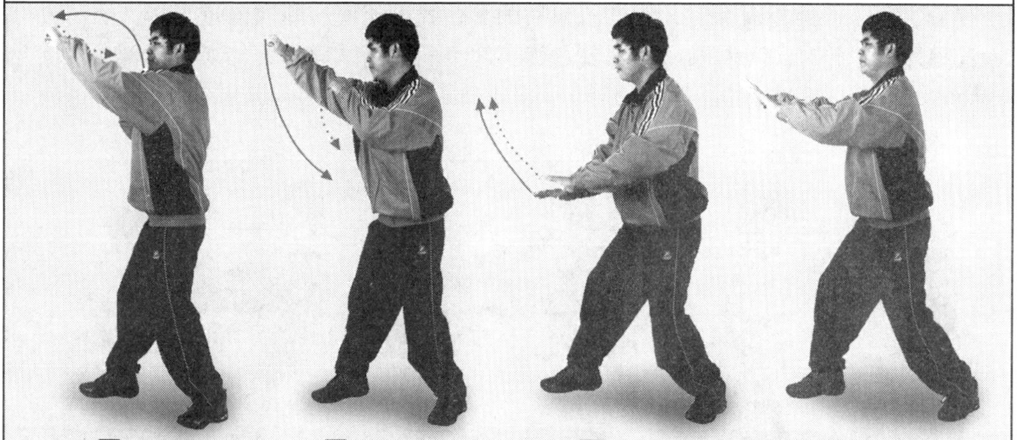

图 521　　图 522　　图 523　　图 524

1.我主动进击的连环应用

我左手用圈锤击对方头部右侧，对方用右小臂由上往下扣压我左小臂，我再用右圈锤击对方头部左侧；对方用左手腕外侧格挡，我两拳变掌向前扑打其心窝部位；对方若向后撤步，我迅速使右脚向前迈半步，左脚紧跟半步，两手以掌根部位向前上方撞击对方两肋部位。（图 525 ~ 图 527）

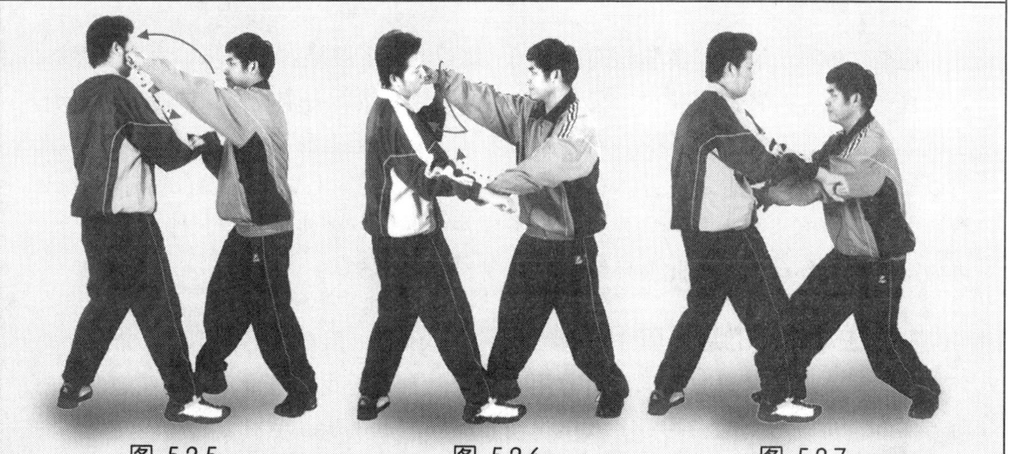

图 525　　图 526　　图 527

2.我被动还击的连环应用

对方用右直拳击我头部时，我稍向后闪身，同时左手用圈锤将对方右小臂向右磕开，上身左转，右拳以圈锤之势击对方左侧耳根部位。然后，身体重心下沉，右拳变掌扑打其心窝部位，对方若向后闪身，我迅速使右腿向前进半步，至对方右脚外侧。此时，我右脚向前绊其右腿，两手同时用掌向前推撞对方胸部。（图528 ~图530）

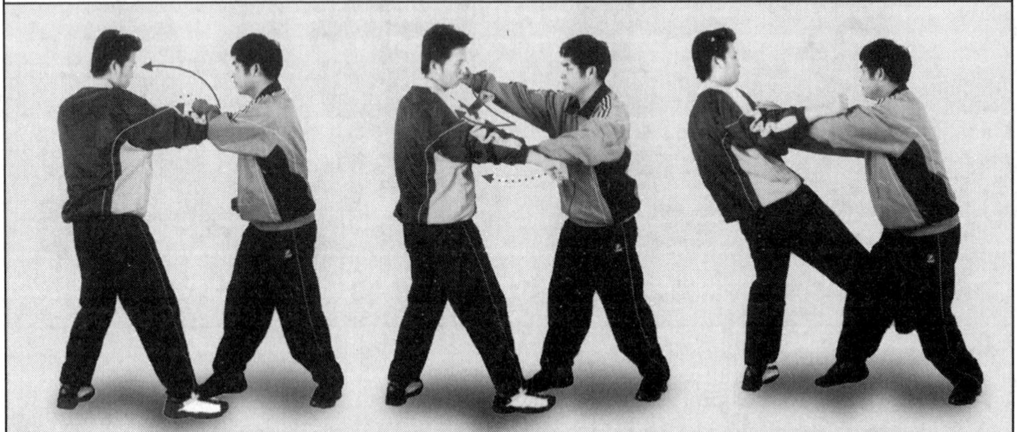

图528　　图529　　图530

二、炮拳崩打若灵犀

这是对炮拳、崩拳和横拳的连环应用。练习时，下肢呈右丁八步，两手空握拳，右拳直线击出，右臂似直非直，左拳护住自己下颏，然后右拳收回，护住自己下颏，左拳直线击出，左臂似直非直。右拳稍往右下方拉，至上身右侧，此动不停，再向前以崩拳之势击出。继之，身体右转，两腿略弯曲，同时右臂外旋，右拳向右横扫，拳心向上。继之，我上身稍向左转，右拳向左上方运行至头前约半尺距离。然后，再做第二个连环动作，如此循环练习。（图531 ~图534）

1.我主动进击的连环应用

我用右炮拳击打对方面部，对方用右小臂向右磕击我右小臂，我用左炮拳击打对方面部，对方右脚向右闪身，我迅速使右脚向前上半步，至对方右脚内侧，同时上身左转，两腿略弯曲，右拳下滑至对方身侧右后方。然后，上身右转，用横拳猛击其腰部，右脚向左勾绊其右腿。（图535 ~图537）

图 531　　图 532　　图 533　　图 534

图 535　　图 536　　图 537

2.我被动还击的连环应用

对方用左直拳击我头部时，我用右小臂内侧由右向左磕击其右小臂外侧，以左炮拳击打对方头部；对方用右小臂由内向外分拨我左小臂，我右小臂绕对方左小臂内侧；然后使右脚上半步，左脚紧跟半步，右手以崩拳之势猛击对方肝肋部位。（图 538 ~图 540）

图 538

图 539

图 540

三、上下合掌风摆柳

这是对上下合掌与横扫掌的连环应用。练习时，下肢呈左丁八步，上身略呈斜面，两臂似直非直，两手自然张开，左掌置于左胯前方，右掌置于头部右前方，掌心斜向下，左掌由下向上做挑击动作，右掌由上向下做拍击动作，至右胯前方，两掌一上一下为上下合掌动作。继之，将身体重心移至左腿，右脚向前迈一大步，左掌向右下方弧形运动，至左胸前约 15 厘米距离处，掌心向下；与此同时，上身左转，以右小臂至手掌部位向左前方扫击。然后，左脚向前迈一大步成左丁八步，做第二个连环动作，如此循环练习。（图 541 ~ 图 543）

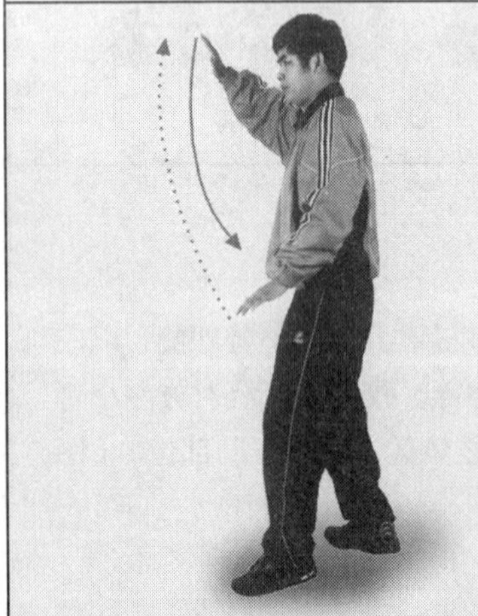

图 541

图 542

图 543

1.我主动进击的连环应用

我右掌从上向下击打对方面部，对方用左小臂格挡，我用右手腕内侧扣压对方左臂；同时，左掌变拳从下向上击打对方下颏；对方向后闪身，我迅速使右脚向前迈一大步，至对方右脚内侧稍后方，向左勾绊其右腿，右掌由下向上向前撞击对方胸部，右掌的力点方向为左前方。（图 544 ~ 图 546）

2.我被动还击的连环应用

对方用右直拳向我头部击来时，我稍向左闪身，右掌由上向下拍拿对方右手腕部，左掌由下向上挑拿敌右肘关节；随后，我右脚向前迈一大步，至敌右侧身后，右掌至小臂部位向上再向左下方横扫，腰部左转，右腿绊对方右腿，将其摔倒。（图 547 ~ 图 549）

图 544

图 545

图 546

图 547

图 548

图 549

四、前后领打势卷席

这是对前后领打与腋掌的连环应用。练习时，下肢呈左丁八步，上身略呈斜面，左手置于身侧左下方，掌心斜向后下方，右手置于头前右上方，掌心斜向左下方，上身左转，右掌向左下方弧形运动，至左胯前约 15 厘米距离处，左掌上提至头前左上方，掌心斜向右下方，上身右转，左掌再向右下方弧形运动至右胯前约 15 厘米距离处，右手腕边外旋边向右移动，至右肋外侧约 15 厘米距离处，掌心斜向左前方，指尖斜向右下方。右脚向前迈一大步，成右丁八步。同时，右手以腋掌之势向前击出，左掌收回护住自己胸窝部位。然后，我左脚向前迈一大步，成左丁八步。按同样方法做第二个连环动作，如此循环练习。（图 550 ~ 图 553）

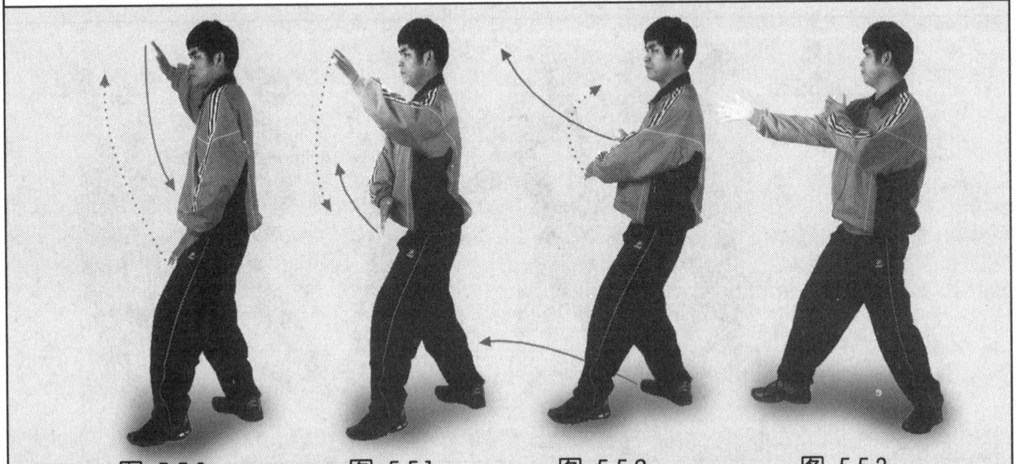

图 550　图 551　图 552　图 553

1.我主动进击的连环应用

我左脚在前，右掌由右向左扇击对方左侧耳根部位；对方用左臂向外格挡我右小臂内侧，我上身右转，左手再用掌根部位从后向前向上击打对方右侧耳根部位；对方用右小臂架挡，我顺势用左小臂内侧向右挂带其右小臂，同时，右脚向前迈一大步，两腿略微弯曲，右手以腋掌之势向前迅猛撞击对方心脏部位。（图 554 ~ 图 556）

图 554　图 555　图 556

2.被动还击的连环应用

对方用左勾拳由下向上击我颈颏部位时，我稍向后闪身，同时，右手由上向下、再向右勾带对方左小臂，左掌由上向右下方击打对方颈部右侧；对方右脚向后撤步，右小臂向上架挡我左小臂，我迅速使右脚向前跨一大步，至对方左脚跟外侧绊其左腿，右掌向前用掌根部位击打对方心窝部位。（图 557 ~ 图 559）

图 557　图 558　图 559

五、左右圈打侧身脚

这是对左右圈打与侧身脚的连环应用。练习时，下肢呈左丁八步，上身略呈斜面，两臂弯曲，两手空握拳，置于身侧，与自身成60度，随上身右转的同时，左拳由左下方往右上方做圈锤动作，至颏前约15厘米距离处；接着，上身左转90度，右拳由右下方往左上方做圈锤动作，至头前约30厘米距离处，随上身左转的同时，将右脚抬起，向前踢出。待右脚落地后，使左脚向前迈一大步，成左丁八步，然后，由空拳开始，做第二个连环动作，如此循环练习。（图560 ~图562）

图 560

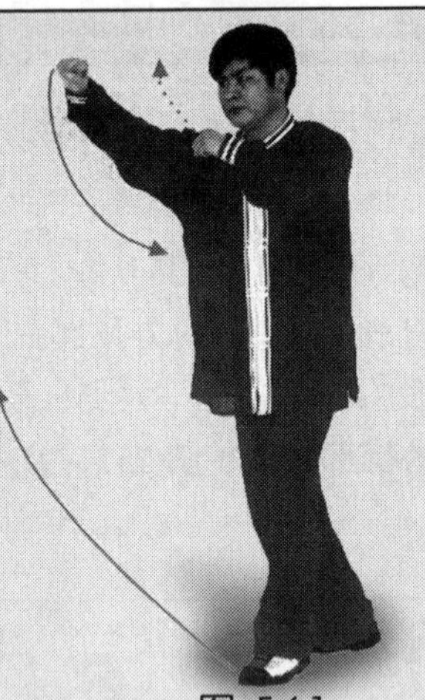
图 561

图 562

1.我主动进击的连环应用

我用左拳由左向右圈打对方头部右侧，对方用右小臂向外拨挡；我上身左转，再用右圈锤击打对方头部左侧；对方右脚向后撤步，身向后闪，并以左臂从左向右拨挡我右小臂，我身形继续左转；与此同时，右脚抬起，以侧身脚之势猛踢对方裆部。（图563 ~图565）

2.我被动还击的连环应用

对方用右直拳击我头部时，我稍向后闪身，左手以圈锤之势向右圈挂对方右小臂，右拳由下向上向前圈打对方左侧耳根部位；同时，上身左转，以右侧身脚之势踢其裆部，待我右脚落地后，迅速将右脚落于对方右脚跟内侧稍后，以此勾绊其右腿，两手以掌根部位向前骤然发力，将其摔倒。（图566 ~图568）

图 563

图 564

图 565

图 566

图 567

图 568

六、正反劈拳迎面锤

这是对正反劈拳与炮拳的连环应用。练习时，下肢呈右丁八步，身形中正，两肩及胸腹放松，两手抬起，高举过头，两掌心斜向前下方，左掌略后于右掌。两手向前下方做下劈动作，至与腹齐，两手向左下方划弧至身体左下后方，再向上、向前下方做反劈动作，至与胸齐，左掌在前，掌心向前下方，右掌在后，掌背向前下方。两掌变拳，左拳以炮拳向前弹出，然后左拳收回护住自己下颏，右拳再以炮拳之势向前击出。两拳变掌举起，做第二个连环动作，如此循环练习。（图 569 ~ 图 571）

图 569

图 570

图 571

1.我主动进击的连环应用

我用右式正劈拳击打对方面部，对方用右小臂架挡，我右手继续向右下方运行，用右手腕勾挂其右臂，再用反劈拳分别击对方面部和胸部；对方若撤左脚躲闪，我迅速使右脚上半步，左脚紧跟半步，左掌变拳向前击打对方头部，在左掌收回的同时，右掌变拳向前击打对方头面部。（图 572 ~图 574）

图 572

图 573

图 574

2.我被动还击的连环应用

对方用左直拳击我头部时，我上身略向左转，两手由上向右下方劈挂左臂；对方再用右拳向我头部击来，我两手速变为反劈拳式，使左手向左上方运动，用左手腕外侧挡击对方右小臂内侧，左掌再继续向前劈打对方面部；对方若使右脚后撤，我迅速使右脚上步至敌左脚内侧稍后方，以勾绊对方右腿，同时，右手以炮拳之势击打对方面部。（图 575 ～图 577）

图 575　图 576　图 577

七、剪掌铰颈足蛇形

这是对剪子手与蛇形脚的连环应用。练习时，下肢呈左丁八步，身形中正，两肩放松，两臂在身前抬起，右手略高于左手，两掌心向下，身体重心略向前移，两手由外向内运行至胸前部位，两臂呈交叉状，左手在下，指端斜向右前方，右手在上，指端斜向左前方。两手向外分开，使左手略高于右手。两手动作不停，再由外向内运动至胸前部位，两臂呈交叉状，右手在下，指端斜向左前方，左手在上，指端斜向左前方，两臂动作如剪刀铰物，待两手再次分开时，右脚擦着地面向前踢出。右脚落地后，左脚向前迈一大步成左丁八步，做第二个连环动作，如此循环练习。（图 578 ～图 581）

1.我主动进击的连环应用

我右手掌心向下，由右向左砍击对方左耳根部位或颈部；对方用右小臂向外格挡，我上身向右旋转，左手掌心向下，由左向右砍击对方颈部；对方用右小臂向外格挡，我迅速将身体重心移至左腿，提右脚用脚尖向前猛踢对方裆部。（图 582 ～图 584）

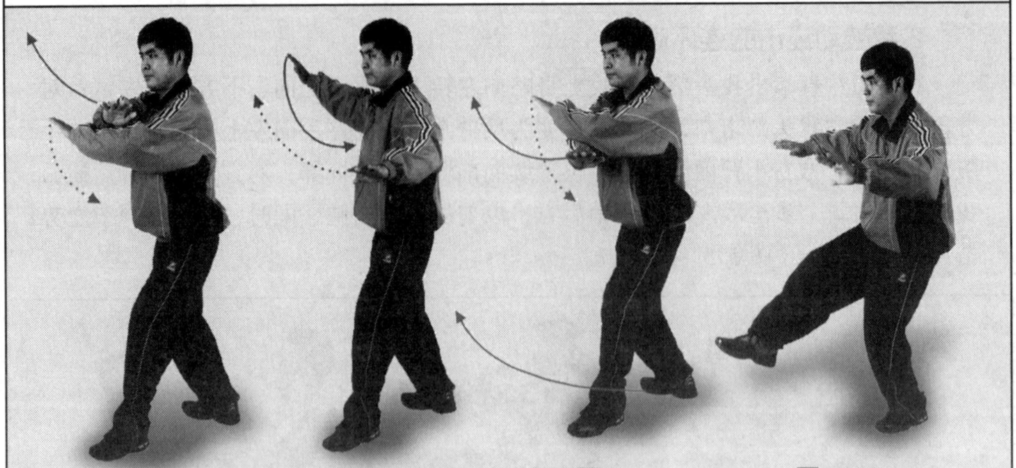

图 578　图 579　图 580　图 581

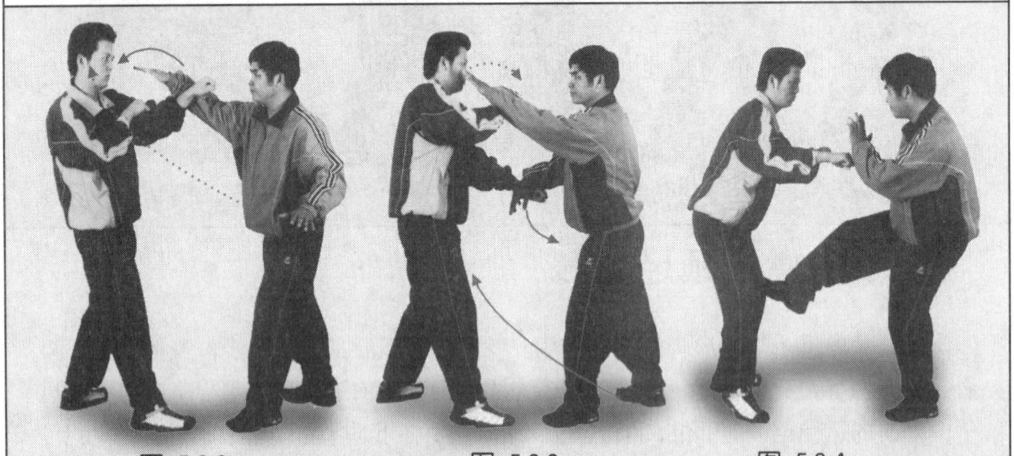

图 582　图 583　图 584

2.我被动还击的连环应用

对方用右直拳向我头部击来时，我左手在下，右手在上，迅速用剪子手将对方右小臂卡住；对方向后挣扎，我则用左炮拳击打对方面部，右手扶按对方左胸部位。然后，我左拳变掌卡其颈部；同时将身体重心移至左胯，使左胯内裹，将右腿抬起，用右膝顶撞对方裆部，对方若撤步，则以足尖踢其裆部。（图 585 ~图 587）

图 585　　图 586　　图 587

八、刀手顶膝手似戟

这是对刀手、金刚膝与崩拳的连环应用。练习时，下肢呈左丁八步，两手向前举起，高与头齐，两肩松沉，小臂略有弯曲，护住自己面部中线部位，两手掌心向下，左掌略前于右掌。将身体重心移至左胯，右腿抬起，用膝向前做顶击动作；与此同时，两掌由上向下做砸挂动作。待右脚于右前方落地后，迅速使右掌变拳以崩拳之势由身侧向前击出。左掌变拳护住自己下颏部位。然后，左脚向前迈一大步成左丁八步，两拳变掌向上举起，做第二个连环动作，如此循环练习。（图 588 ～图 590）

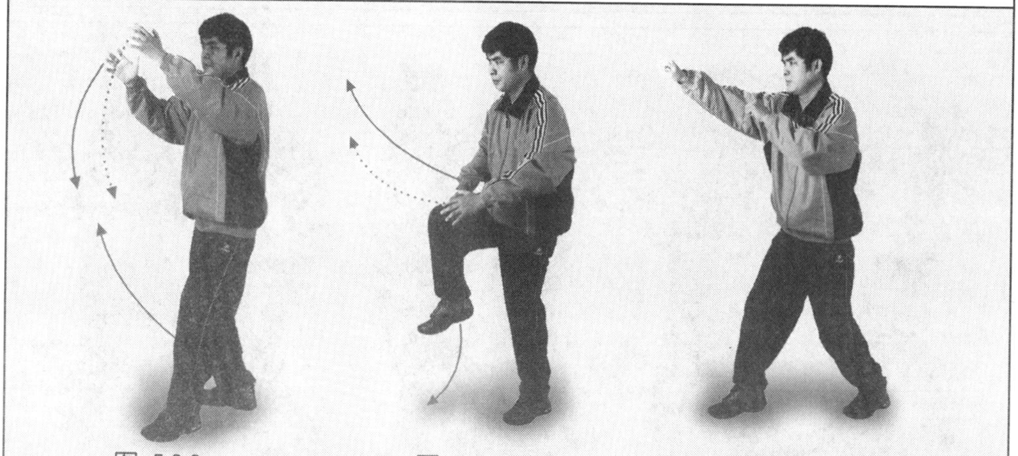

图 588　　图 589　　图 590

1.我主动进击的连环应用

我双掌以刀手之势由上向下砸挂对方胸部，对方用双臂向上架挡，我顺势用双手向下抓拉对方两小臂；同时，身体重心移至左胯，提右膝向前撞击对方裆部。对方向后挣扎，我迅速将右脚落地，用右崩拳猛击对方腹部。（图 591 ~ 图 593）

2.我被动还击的连环应用

对方用右直拳向我头部击来，我稍向后闪身，左掌由上向下砸击对方右小臂，右掌由上向前拍击对方胸部。然后，左掌继续向右挂带对方右小臂，并迅速使右脚向前迈一大步，至对方左脚跟内侧后方，向后绊拉对方左腿，同时右掌变拳向前撞击对方心窝部位。（图 594 ~ 图 596）

图 591

图 592

图 593

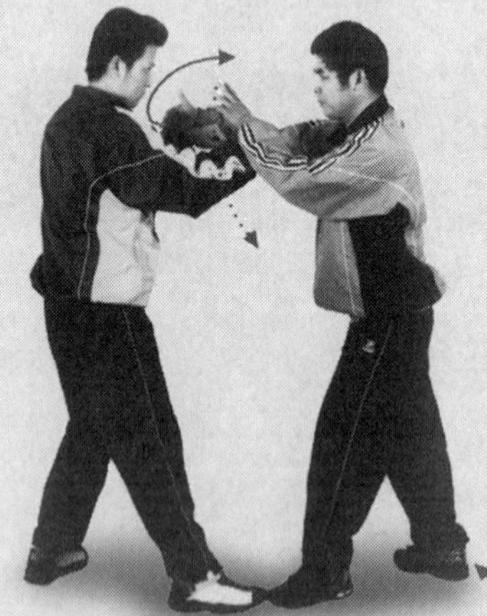

图 594

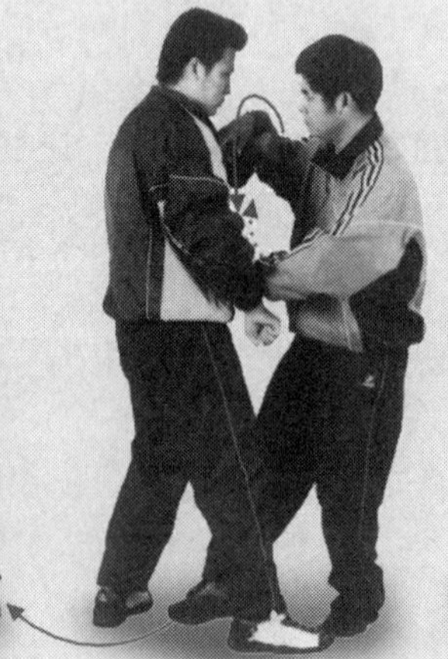

图 595

图 596

九、劈拳穿裆及裹打

这是对劈拳、穿裆脚、左手削掌与右崩拳的连环应用。练习时，下肢呈左丁八步，两掌置于胸前，掌心向下。两掌由下向上举起，同时将身体重心置于左腿，提右脚向前踢出（图 597、图 598），在右脚向前下方落地的同时，两掌向前下方做劈打动作。之后，两掌再做反劈拳动作，使左手在前，掌心斜向前下方，右手在后，手背斜向前下方。左掌由左向右平削至右肩前约一尺距离处，右手以崩拳之势向前击出。然后，左脚向前迈一大步，成左丁八步，两拳变掌置于胸前，做第二个连环动作，如此反复练习。（图 599 ~ 图 601）

图 597　图 598　图 599　图 600　图 601

1.我主动进击的连环应用

我提右脚用脚尖踢对方裆部，同时两手由胸前向上举起，对方后撤闪身，我右脚迅速向前跨一大步，左脚紧跟半步，两手向下劈打对方面部；对方用两臂架挡，我上身向右旋转，左掌由左向右削砍对方颈部，右掌变拳由前拉向右下方，再用崩拳猛击对方腹部。（图 602 ~ 图 604）

2.我被动还击的连环应用

对方用右直拳向我头部击来，我两手抬起向左下方劈挡敌右小臂，同时右脚提起，向前猛踢对方小腿迎面骨；在我右脚落地之际，上身右转，两掌以反劈法进攻，使左掌击对方耳根部位，右掌扣按对方左臂。然后，我右掌变拳沿对方右小臂绕过，再以崩拳猛击对方左肋部位。（图 605 ~ 图 607）

图 602

图 603

图 604

图 605

图 606

图 607

十、缠手钻颔掌旋飞

这是对反砸拳、钻拳与旋风掌的连环应用。练习时，下肢呈右丁八步，上身略呈斜面，右臂在身前呈环抱状，掌心向内，左手五指自然张开，掌心向下，护住自己小腹。上身右转，右臂外旋，并由左向右下方做弧形的砸击动作，待右臂快要伸直时，右掌稍向回收，至胸窝部位约 15 厘米距离处，此动不停，右掌变拳向前向上再以钻拳之势击出，左掌上行护住自己心窝部位。然后，上身右转，左掌向右弧形运动，至右肋前方，掌心斜向右下方，右臂内旋，右拳变掌向右弧形运动，至右肩正前方，掌心向右前方。然后，上身左转，两手恢复原位，做第二个连环动作，如此反复练习。（图 608 ~ 图 610）

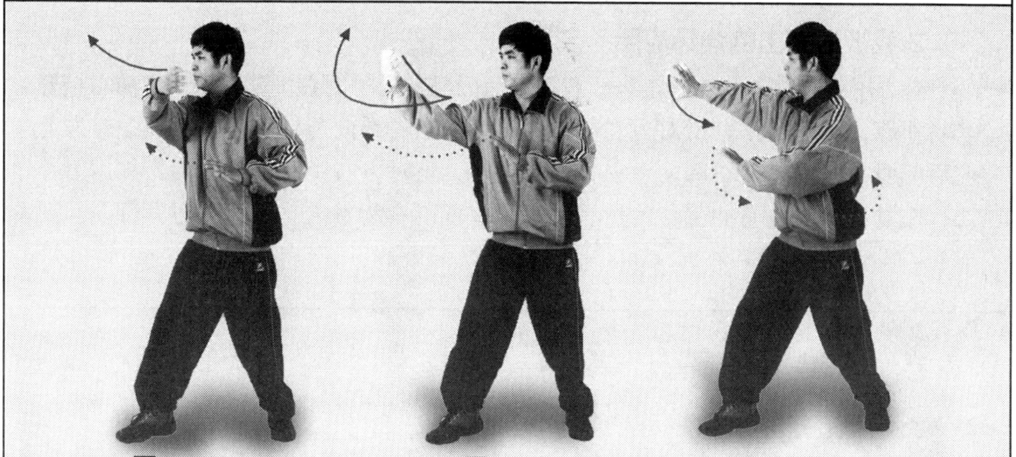

图 608　　图 609　　图 610

1.我主动进击的连环应用

我右拳由左肩前向右下方砸击对方颈部右侧，对方向后闪身，并用右小臂架挡，我顺势使左腕用力向右后方勾挂对方右小臂，使对方身体重心向右后方倾斜；然后，我右脚稍向前垫步，再向右拧腰转胯，同时，两掌以右旋掌之势猛击对方腰背部位。（图 611 ~图 613）

图 611　　图 612　　图 613

2.我被动还击的连环应用

对方用右直拳向我头部击来，我稍向后闪身，同时用右小臂外侧由左向右挡开其右小臂，再使右小臂沿对方右小臂内侧上滑，右拳向前钻打对方面部；对方若向后闪身，我迅速使右脚向左前方弧形运步，至对方右脚掌内侧稍后，并用力绊之，左掌击打对方右肋部位。然后，我双掌再以右旋掌之势拍打对方背部。（图614～图616）

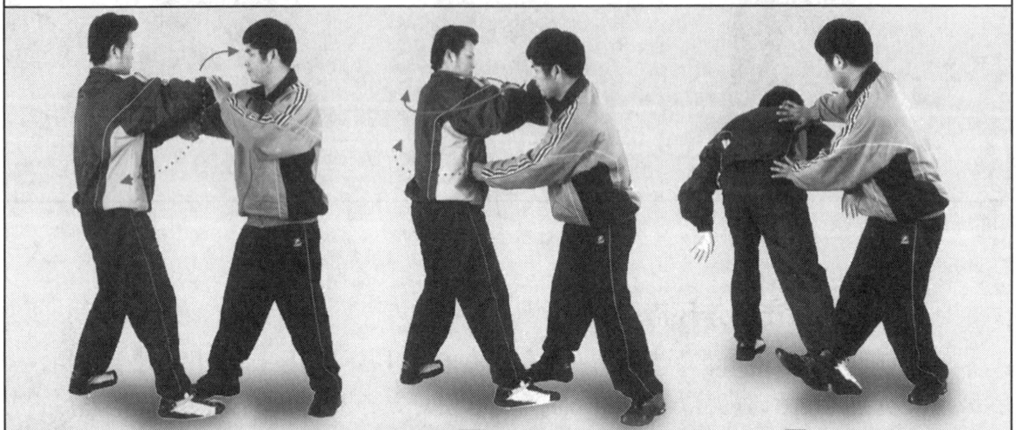
图 614　图 615　图 616

十一、乌龙出海透背拳

这是对龙形和崩拳的连环应用。练习时，下肢呈右丁八步，上身略呈斜面，两肩放松，以肩带肘，以肘带肩，两手十指自然分开，手心如吸两球，十指弯曲，指尖用力，掌心向下，形如龙爪，左手置于腹前，右手由上向下做弧形运动，至腹前约25厘米距离，与此同时，左手由下向上做弧形运动，至头部左前方约30厘米距离。两手再由掌变拳，右拳以崩拳之势向前击出，左拳护住胸部；然后两拳变掌，做第二个连环动作。如此循环练习。（图617～图619）

1.我主动进击的连环应用

我右手用掌由上向下劈打对方脸部，对方用左小臂架挡，我上身稍向右转，用右手腕内侧继续向下按压对方右腕，左掌由上向下劈打对方脸部；对方左脚向后撤步，同时用右臂架挡我左小臂，我则迅速使右脚上半步，右手以崩拳之势猛击对方腹部。（图620～图622）

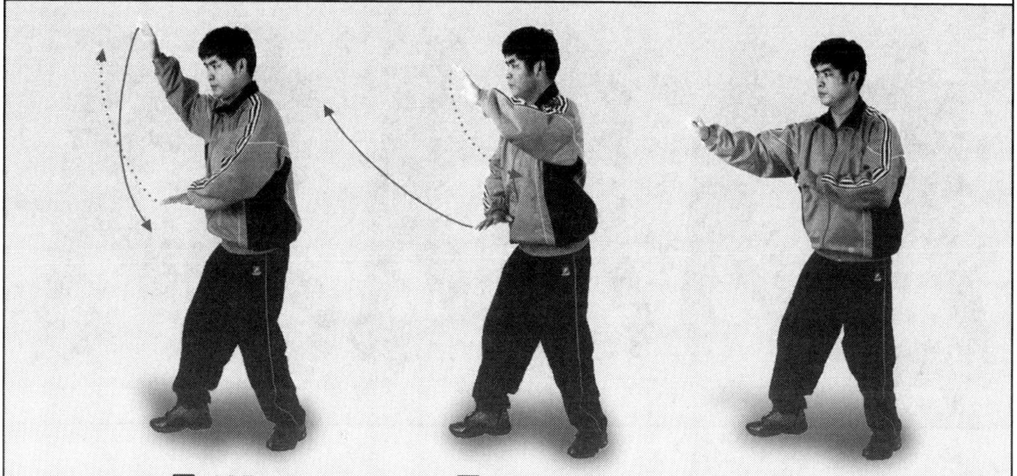

图 617　图 618　图 619

图 620　图 621　图 622

2.我被动还击的连环应用

对方用右摆拳击我头部右侧时，我稍向后闪身，右手由上向下劈按对方右小臂，我右手腕内侧接触对方右手腕外侧后，上身向右旋转，使对方上身也偏移一个角度，然后，在我左臂继续向左下方缠挂其右臂时，用右崩拳猛击对方肝肋部位。（图 623 ~图 625）

图 623　　图 624　　图 625

十二、白蛇吐信鹤形腿

这是对蛇形与鹤形腿法的连环应用。练习时，下肢呈右丁八步，周身松沉，左手为掌，右手为拳，左臂弯曲约 90 度，护住自已心窝部位，掌心向下，右臂弯曲约 120 度，置于上身左前方，拳心向左，随着腰向右转的同时，两臂向左摆动，使左掌距腹前约八寸距离处，右拳位于左肩前约 30 厘米距离。继之，将身体重心移至右腿，左脚提起，用脚尖向前踢出。左拳略上提，护住自已头部，右手略下移护住自已心窝部位。然后，左脚落地后，右脚向前迈一大步，成右丁八步，做第二个连环动作，如此循环练习。（图 626 ~ 图 628）

图 626　　图 627　　图 628

1.我主动进击的连环应用

我右手以掌或拳由右向左横扫对方颈部左侧，对方稍向左闪身，右小臂竖起，向右格挡我右手腕部；我左掌再由左向右横扫对方面部，对方稍向后闪身，并用右小臂格挡；我双手则扣压对方双臂，同时身体重心移至右胯，左脚提起，用脚尖猛踢对方裆部。（图 629 ~图 631）

2.我被动进击的连环应用

对方用右下勾拳击我下颏时，我左脚向左横跨半步，用右手腕部向右横扫对方右小臂；然后，右手腕向下翻转，用右掌向右下方勾挂对方右手腕外侧；同时，左掌向右拍击对方腰背部位，趁对方身体前倾之际，我迅速将左脚提起，用脚掌或脚尖部位猛踢对方臀部。（图 632 ~图 634）。

图 629　　图 630　　图 631

图 632　　图 633　　图 634

十三、斜劈反扇连环崩

这是对右劈拳、左扇掌与崩拳的连环应用。练习时，下肢呈右丁八步、两臂略弯曲，两掌十指撑开，右掌置于身前，掌心向左，指端斜向上，左掌置于腹前，掌心向下。右掌向左下方做斜劈动作，至左肩前，再继续以反向之势做扇击动作，至头前约一尺半距离处，掌心向上。继之，右掌变拳以崩拳之势向前击出，同时左拳收回至腹前。然后，将两拳变掌，右掌稍上提，做第二个连环动作，如此循环练习。（图 635 ~图 637）

图 635　图 636　图 637

1.我主动进击的连环应用

我用右掌向左前方斜劈对方面部，对方用左小臂架挡，我上身略向后闪，右臂松沉，沿对方右臂外侧前滑；然后，右手用掌背扇击对方右侧颈部或耳根部位，迫使对方向右后方躲闪，我迅速向右拧腰转胯，左掌变拳以崩拳之势向前猛击对方肝肋部位，同时，右手护住自已胸前部位。（图 638 ~图 640）

2.我被动还击的连环应用

对方用右直拳击我头部时，我稍向右闪身，右掌由右上方向左下方斜劈对方右小臂。然后，右掌再反向以掌背扇击对方面部右侧；与此同时，左掌由下向上向外分挡对方右小臂，待我右手自然落下后，将掌变拳，重心略前移，以右崩拳之势猛击对方腹部。（图 641 ~图 643）

图 638

图 639

图 640

图 641

图 642

图 643

十四、弹踢下砸钻拳击

这是对蛇形脚、反砸拳与钻拳的连环应用。练习时，下肢呈左丁八步，两肩放松，两臂似直非直，两手空握拳，左拳护住下颏部位，右拳护住头面部，左脚向前垫步，落地后，脚尖外撇，将身体重心移至左腿，左胯内裹，随身体左移的同时，提右脚向前弹踢，趁右脚落地之际，用右小臂外侧至拳背部位向前下方砸去，使右拳落于右胯上前方，拳心向上，再使右脚上半步，左脚紧跟半步，右拳以钻拳之势由下向上向前击出。然后，左脚向前迈一大步，成左丁八步，做第二个循环动作，如此循环练习。（图 644 ~ 图 647）

图 644　图 645　图 646　图 647

1.我主动进击的连环应用

我用右臂突然反砸对方头面部，对方以右臂阻挡，我右臂向下挂其右臂，与此同时，提右脚猛踢对方裆部；对方左脚向左横跨半步，同时身向左闪，我右脚落地至对方右脚外侧后方，右拳以钻拳之势向前击出，右腿向后用力勾绊对方右腿，将其摔倒。（图 648 ~图 650）

图 648　图 649　图 650

2.我被动还击的连环应用

对方用右直拳向我头部击来，我迅速使左脚向左横跨半步，以右手腕部外侧挡架对方右小臂；同时，提右脚踢对方裆胯部位，待我右脚落地后，用右小臂内侧扣压对方右小臂。然后迅速使右脚向前进半步，右拳以钻拳之势向前猛击对方咽喉部位。（图 651 ~图 653）

图 651　图 652　图 653

第八章 大成拳断手绝杀技

所谓绝杀技是指杀伤力比较大的技击方法。在应用这些方法时，速度要快，并能有效地把握好距离感与时间感，出手时要稳、准、狠。大成拳断手绝杀技的训练过程为：先练好裹胯之步、非法之步，再进行断手中的速度与距离感训练，最后选择一些常用的绝杀手法进行训练。

所谓非法之步，就是看起来无规章可循的步法，该步法源于有法之步，衍生于有法之步，然又非有法之步，它是实作中最高级、最实用之步。非法之步的前提是有法之步，通过两种或多种有法之步的综合练习，即可形成自由之步，然后再经升华，即可逐渐过渡至非法之步。

一、裹胯之步

裹胯步训练不但能增强下肢力量，使步法变得非常灵活，而且还可改善实作中的身法调整。例如，在我与敌相持之际，时而以高位式态势与敌周旋，时而又变为低位式的进攻态势，使敌无从适应。由于裹胯步的位式较低，所以必须有较深的功力基础后，方可练习。

训练方法：以左脚在前为例，在丁八步的基础上，两腿尽量弯曲，略呈下蹲之势，身体重心主要置于右腿，两脚尖着地，然后，在我处于左胯内裹的情况下，右脚向前迈出，待右脚落地后，将身体重心主要移至左腿，依此法再将左脚迈出。（图654～图656）

图654

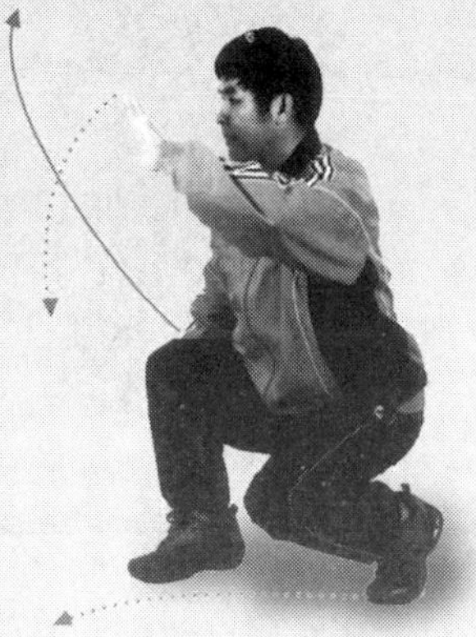
图655

图656

如此向前反复练习，也可做类似退步的练习。由于裹胯步的运动量较大，开始时只做少量练习即可，而且每次训练都要留有一定的余地。

二、非法之步与距离感

王芗斋先生指出："手到步不到，打人不为妙，手到步也到，打人如拔草；夫有定位者步也，无定位者亦步也。"可见步法在技击中的作用是何等重要。只有运步自如，才能身法灵活，抢占技击之主动。那么，大成拳的哪种步法才能有如此之神效呢?这就是非法之步。（图657～图659）

当组合步法熟练后，就可进行对靶练习。所谓对靶练习，就是在自身周围的不同位置站有拳友（2人或3人），我以各种步法向其进身。初练时，周围所站之人可不动，我分别向前后左右的人进身，此为固定对靶。待有基础后，所站之人可以躲闪，我则随之追步进身，此乃活动对靶。活动对靶熟练后，步法就会变得自由自在。

由于对靶是在自身周围的不同位置，在训练时就不能完全循规于单式之步，它除了要求不同的转换外，还涉及到转身及转身状况下的两脚位置的变换。特别是活靶练习，更需运步灵活，身法轻逸，犹如游鱼入水，在人丛中自由穿行。

图657　图658　图659

具有一定的非法之步基础后，就要进行断手中的速度与距离感训练，可假设身前某一距离处有一目标，然后我能在极短的时间内以非法之步快进至目标位置。

也可让一人处于我身前3～5米位置，然后我用非法之步以极快的速度到达对方身前，或者当我达到对方身前时，突然绕至对方身侧或身后。

三、组合技法强化训练

1.炮拳加肘攻击

我迅速上步至对方身前，先用左拳击打对方，再用右肘平扫对方颈部，最后用右肘反撞对方面部或颈部。（图660～图662）

图660　图661　图662

2.炮拳加金刚膝进攻

我先用左拳弹击对方，再用右拳击打对方，然后再以金刚膝撞击对方腹部或裆部。（图663～图665）

3.反砸穿裆

如果我与对方正面相持，突然变侧面向对方进步，然后迅速以右小臂反砸对方，待我向右转身之际，再用右脚向前猛踢对方裆部。（图666～图668）

图663

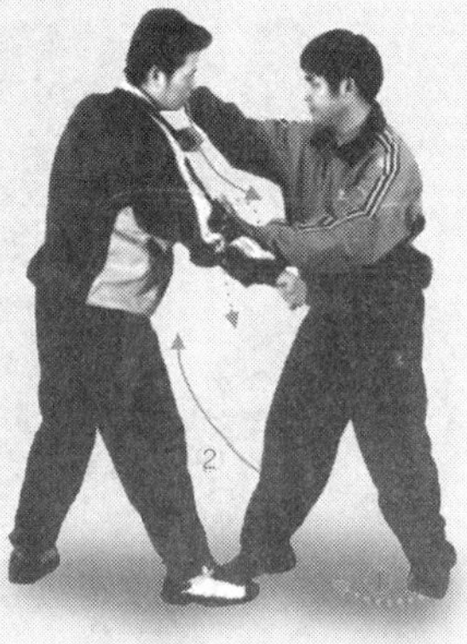

图664

图665

图666

图667

图668

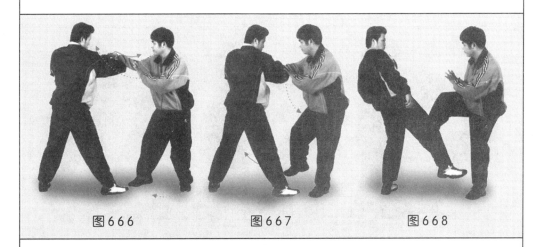

4.穿裆车轮转

我快速向对方进身后，用右脚猛踢对方裆部，待我右脚落地后，左右两臂以车轮转之势猛砸对方面部。（图669～图671）

5.玉猫洗脸与炮拳

我左右两掌先以玉猫洗脸之势劈打对方，然后右掌变为炮拳向前击打对方面部。（图672～图674）

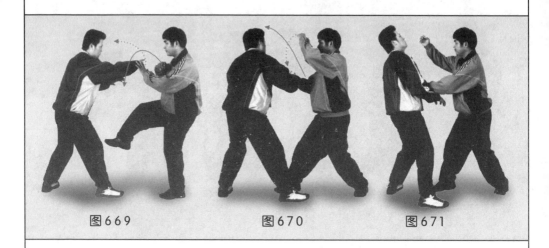

图669

图670

图671

图672

图673

图674

6.斜肘反砸金刚膝

待我快要接近对方之时，迅速变正面为左侧面，用右肘斜击对方胸部；然后再竖右小臂，使右拳反砸对方面部；最后我再用双手腕部控制对方颈部，同时提右膝撞击对方，待我右腿落地后，也可把对方放出或击出。（图675～图677）

图675

图676

图677

四、近体快攻技击术

所谓近体快攻，是将武术中的拿打、抖放、擒摔等近距离搏击术有机结合起来，取其精要而形成的技击术。早在大成拳创立初期，王芗斋先生的弟子卜恩富在全国摔跤比赛中，就曾以大成拳的擒摔技术战胜群雄而夺冠。

在大成拳近体快攻的技击术中，本来手无定形，脚无定位，身无定势，法无定法，有感皆应，相机而动。但这是指在近体快攻技击术有一定造诣之后而言的，对于初学者来说，必须处处有法，才能在实作中得机得势而取胜。此即是大成拳的：“从无法到有法，再从有法到不执着于法，最后达到随心所欲的境界。”“不期然而然，莫如至而至的上乘的技击方法。”

在大成拳近体快攻技击术中，克敌制胜的招法很多，下面我们着重介绍擒打技击术。所谓擒打，即先擒后打之术。当我擒敌之后，或致敌以重击，或挂足跌之，或发力放之，不一而足，招招实用，招招致命。习者务必把握尺寸与分度，切记！切记！

1.折指击面

当敌以右掌推我胸部时，我上身稍向后闪，左掌迅速扣压敌右掌；同时猛力向后向下折拉敌手，以断其指，拿其腕，敌必屈身前倾，我则顺势以右拳击敌面部。实作时，要注意把握火候，使折拿与击打同时完成。（图678 ~ 图680）。

2.拿肘击面

当敌以左直拳向我头部击来时，我迅速向右横跨半步，以避其锋芒；同时，我左手由右向左下方抓拿敌左手腕部，右拳猛磕敌左肘部位；敌受擒后若向左前方挣扎，我右拳再以拳背向前弹击敌面部。（图681 ~ 图683）

图678

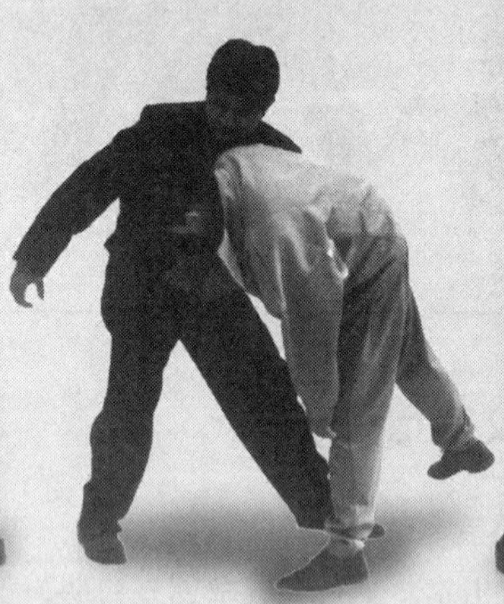
图679

图680

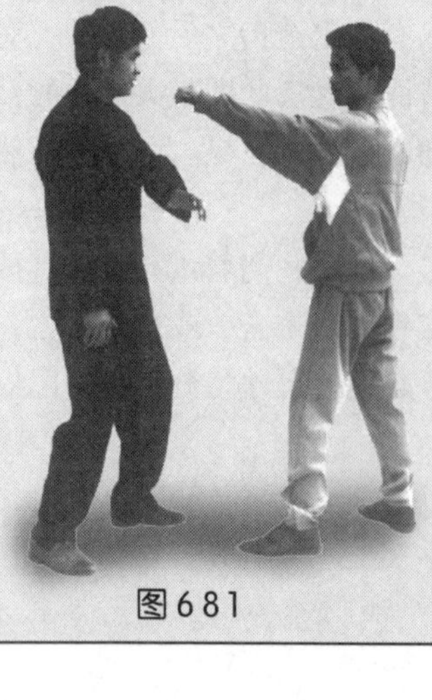
图681

图682

图683

3.推腕顶裆

当敌以右手抓我右腕时，我速用左手拿住敌右腕部上侧，向下用力；同时，右手腕稍向后向内旋转，再向前推敌腕关节部位，使敌剧痛难忍，上身倾伏。我立即将右膝提起，向前撞击敌裆部。（图684～图686）

4 拧臂崩肋

当敌以右直拳向我击来时，我左脚向左横跨半步，待避其锋芒后，右手抓其右腕关节部位，并猛力向外转臂旋腕，以拧敌右臂；敌受擒则必被迫向左转身，我右手继续紧拿敌右臂，并迅速向右拧腰转身，左手以崩拳猛击敌肝肋部位。（图687～图689）

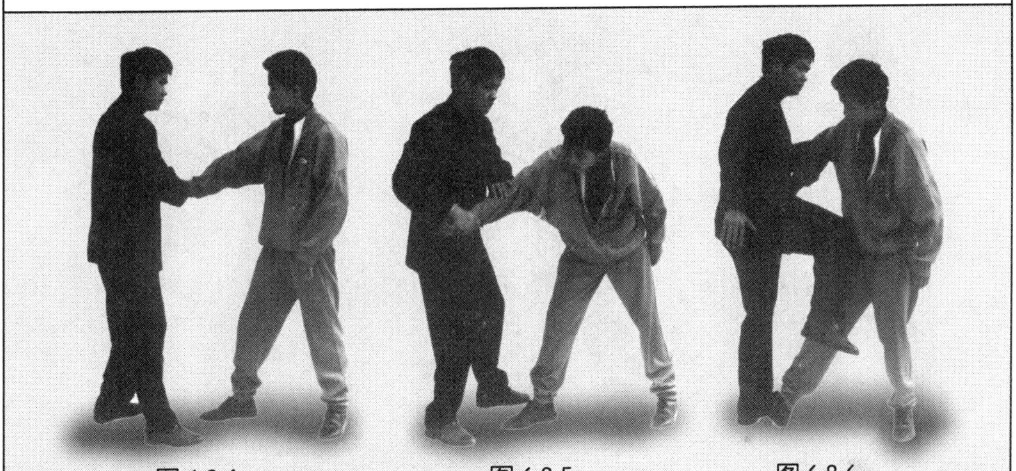

图684　图685　图686

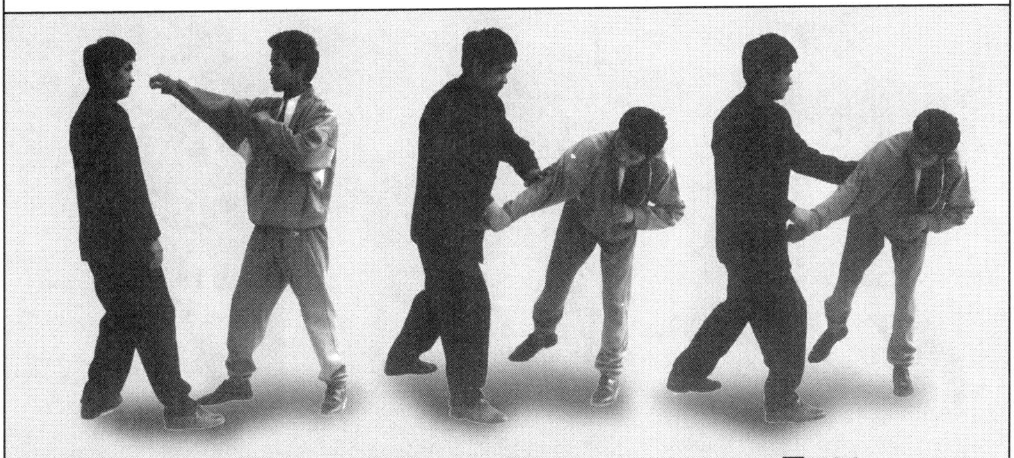

图687　图688　图689

5.拧头绊摔

当敌从正面拦腰抱住我时，我迅速坐胯弓身，并以两掌击敌面部两侧；继之，两手猛力向左拧敌头颈部位，与此同时，左脚向左前方迈步，插敌右腿后侧，向后绊敌右腿。（图690～图692）。

6.断颈顶膝

当敌从正面抱住我右腿时，我左腿速向后撤半步，以降低身体的重心；同时右手托敌下巴，左手按于头颈，两手猛力向右下方扳拉敌头部，意欲断其颈项；然后，再用右膝顶击敌肝肋部位。（图693～图695）

图690

图691

图692

图693

图694

图695

7.拿臂顶裆

当敌以右直拳向我击来时，我速用左小臂向外磕击敌右小臂，使之拳锋落空；然后，我左腕外旋，以拧拉敌右腕，与此同时，右手由下向上托敌右肘，并向右下方拿其右臂，使之上身前伏，我再用右膝猛顶其裆部。（图696 ~ 图698）

8.折手击颈

当敌从背后抱住我腰部时，在我稍向下降低身体重心的同时，速用右脚猛跺敌右脚掌面；然后，左手扣住敌手指，并用力反向折拿。待敌疼痛松手之际，我即向右转身，将右肘盘起，使肘尖猛击敌颈部。（图699 ~ 图701）

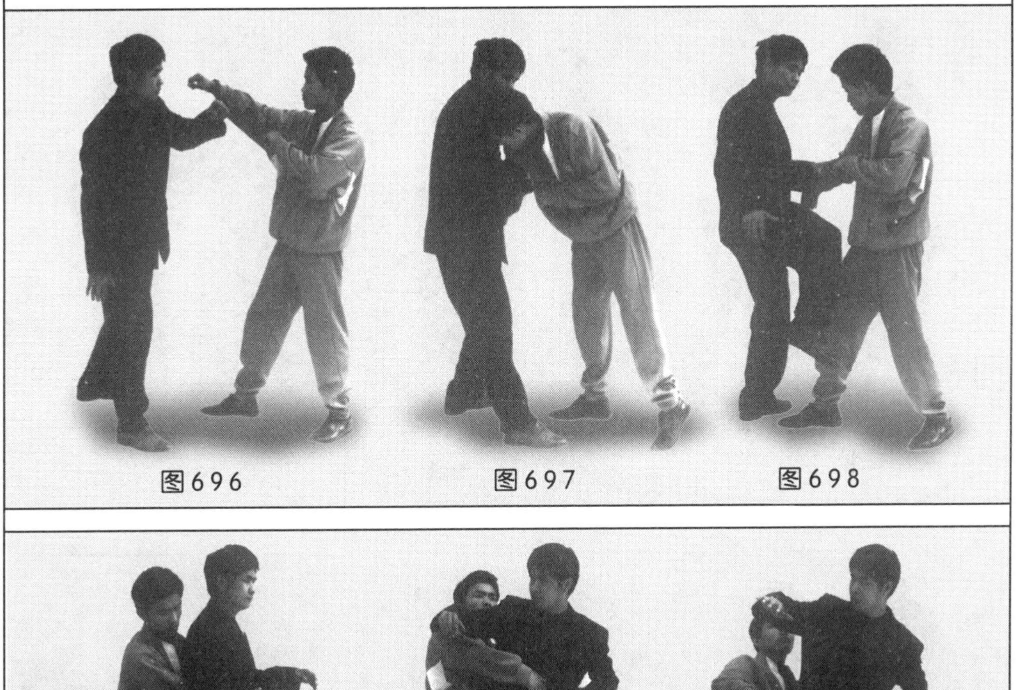

图696　图697　图698

图699　图700　图701

9.别臂击喉

当敌以左直拳击我时，我稍向左转身，用左掌向右拍敌左小臂；然后，我迅速将右手向敌左腋下穿出，以扣别其右肩部位，并向左前方拉拿敌右肩右臂；与此同时，左手以钻拳之势击敌咽喉部位。（图702 ~ 图704）

10.拉腕绊击

当敌从正面用右手抓我的头发时，我用右手按住敌右掌，左手向右拍拿敌右肘关节；此时，我上身微向前倾，使敌右腕右肘受擒，我再迅速上左脚以绊敌右腿；与此同时，双掌迅猛向敌肝部撞击。（图705 ~ 图707）

图702

图703

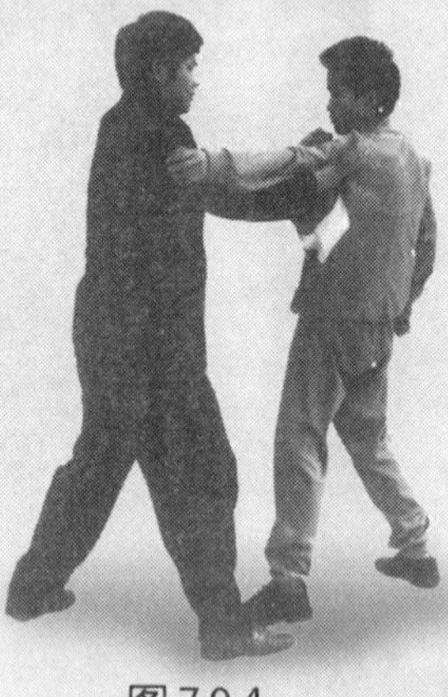
图704

图705

图706

图707